ARCHITEKTUR FÜR EINE NACHHALTIGE WELT

W0187229

Agata Toromanoff

ARCHITEKTUR FÜR EINE NACHHALTIGE WELT

Innovative Konzepte für klimafreundliches Bauen

Mit einem Vorwort von
Charles Wu

PRESTEL
MÜNCHEN · LONDON · NEW YORK

Inhalt

ARCHITEKTUR, BEGRÜNUNG UND LANDSCHAFT 133

NEU ERFINDEN DURCH UMWANDELN 195

VISIONEN FÜR DIE ZUKUNFT 233

BAUEN ALS AKT DES OPTIMISMUS

Charles Wu,
Gründer und Geschäftsführer
von Polysmiths

Bauen ist selten die bloße Antwort auf eine Notwendigkeit. Es ist ein profunder Ausdruck von Optimismus. Wir bauen, weil wir optimistisch sind und glauben, dass dies eine kluge Investition in eine bessere Zukunft ist. Davon angetrieben begnügen wir uns nicht damit, unsere aktuellen Bedürfnisse zu befriedigen, sondern suchen nach neuen Wegen, das uns verfügbare Wissen, die Technologie und die Materialien zu interpretieren und künftigen Generationen eine bessere Lebensqualität zu ermöglichen.

Der Zeitpunkt, sich an die Bedeutung des Optimismus zu erinnern, könnte kaum günstiger sein. Die Menschheit steht vor der großen kollektiven Herausforderung, unsere gebaute Umwelt nachhaltiger zu gestalten. Diese Aufgabe erfordert unseren kollektiven Einsatz, um bessere Wege in die Zukunft zu suchen und zu fordern. Nachhaltigkeit in der Architektur bedeutet, diesen guten Willen klug zu investieren, technologische Innovationen mit jahrtausendealten Weisheiten zu verbinden, um eine bessere Lebensqualität zu schaffen. Eine denkbar große Herausforderung – doch rund um die Welt arbeiten Architektur, Ingenieurwesen und Bauunternehmen an kreativen und innovativen Lösungen für neue Architekturformen, die von einem tieferen Verständnis der Grundsätze der Nachhaltigkeit geprägt sind. Noch ermutigender ist, dass einige dieser bahnbrechenden Ideen durch die Unterstützung aktiver lokaler Gemeinschaften, mutiger Bauträger und verantwortungsbewusster Investoren möglich wurden.

Die hier versammelten beispielhaften Projekte aus aller Welt stellen diesen kollektiven Optimismus unter Beweis. Sie verkörpern Architektur auf höchstem Niveau, zugleich erzählt jedes Einzelne davon auch die einzigartige Geschichte, wie die Umgebung, die verfügbaren Materialien und das bauliche Fachwissen optimal genutzt wurden. Einige bahnbrechende Beispiele verschieben die Grenzen der aktiven Nachhaltigkeitstechnologie: spektakuläre, vollständig mit Solardachziegeln gedeckte Spanndächer oder hochgradig optimierte 3-D-gedruckte Strukturen, die mit einem Minimum an Baumaterial auskommen.

Vorgestellt werden aber auch Projekte, die erfolgreich passive Designmethoden für besonders nachhaltige Gebäude integrieren: adaptive Wiederverwendung von Baumaterialien, Verwendung von thermischer Masse zur Absorption, Speicherung und Abgabe von Wärme. Man vergisst leicht, dass ein bescheidener, für eine natürliche Querlüftung sorgender Innenhof oder ein Gebäude, das durch seine Form genau auf die Sonne und die vorherrschenden Wind- und Regenbedingungen reagiert, zu genialen, äußerst nachhaltigen architektonischen Lösungen führen kann.

In den kommenden Jahren werden wir zweifellos noch viel mehr über Nachhaltigkeit lernen. Einige der neuen Ansätze werden sich bewähren, viele andere nicht. Dennoch ist es wichtig, diese Ideen als Hinweis und Ermutigung für die Politik, potenzielle Bauträger, die Bauwirtschaft und die Nutzenden zu sammeln, um Möglichkeiten aufzuzeigen, wie wir alle mutiger werden und Verantwortung übernehmen können, um eine bessere, nachhaltigere Zukunft für alle aufzubauen.

Wir haben uns gerade erst von einer globalen Pandemie erholt, und noch viel mehr Ungewissheit entsteht durch steigende Lebenshaltungskosten, Kriege, künstliche Intelligenz, politische Veränderungen und die Klimakrise. Wenn wir ständig nach Verbesserungen streben und bereit sind, aus unseren Fehlern zu lernen und unsere Ressourcen klug einzusetzen, schaffen wir die Grundlage für eine nachhaltige und lebenswerte Zukunft. Auch in schwierigen Zeiten gilt: Wir bauen, weil wir Optimisten sind.

DIE ARCHITEKTUR DER MÖGLICHKEITEN

»Nachhaltigkeit« ist das wohl meiststrapazierte und umstrittenste Wort in der heutigen Diskussion über Architektur. Zugleich steht Nachhaltigkeit im Mittelpunkt dieser grundlegende Veränderungen erfordernden Disziplin, schon von Beginn des Entwurfsprozesses an ist sie der neue Status quo. Die Fakten sind erschreckend: Nach Angaben des World Resources Institute ist die Bauindustrie für rund 40 Prozent der weltweiten Kohlenstoffemissionen verantwortlich – mehr als jede andere Branche. Wenn wir die Klimakrise, Extremwetter, Umweltverschmutzung und die schnell wachsende Weltbevölkerung in Betracht ziehen, gibt es für die Branche nur einen Weg, auf diese Herausforderungen zu reagieren. Eine sofortige Umstellung auf nachhaltige Methoden, Ressourcen und Konzepte ist nötig, um ihre schädlichen Auswirkungen zu verringern. Zu diesen katastrophalen Umständen führten allerdings auch die im letzten Jahrhundert erreichten technologischen Fortschritte, das schrankenlose Konsumdenken und das ständig wachsende Komfortbedürfnis.

Den Architekt:innen kommt heute eine zentrale Verantwortung zu, wenn es gilt, durch materielle und strukturelle Entscheidungen festzulegen, auf welche Weise sie zur kontinuierlichen Erweiterung der bebauten Umwelt beitragen. Was sind die besten Wege, verantwortungsvoll zu renovieren und zu bauen, die Nebenwirkungen der Baustoffherstellung und des Bauens zu reduzieren und schädliche Auswirkungen auf die natürliche Umwelt zu verhindern? Die Branche kann weltverändernde Lösungen finden, und zwar schon seit einiger Zeit. Das wichtigste Ziel ist jetzt, die bestehende Mentalität zu ändern, sich bewusst zu machen, dass die Qualität von Architektur tatsächlich darin liegt, kohlenstoffarme Konstruktionen und kreislauffähige Gebäude aus biobasierten Ressourcen zu entwerfen. Die Lösung wird nicht ein einzelner Baustoff und/oder eine Einzelmaßnahme bringen. Architekturbüros müssen Nachhaltigkeit mit Tradition, Kontext, Funktion, Ästhetik und modernen Anforderungen zu einer kohärenten Vision vereinen. Der Ansatz, Architektur in mehrfacher Hinsicht nachhaltig zu gestalten, muss ganzheitlich sämtliche Aspekte miteinbeziehen.

In seinem lesenswerten Buch *Architecture of Defeat* merkt Kengo Kuma an, dass es aufgrund ihrer vielen negativen Aspekte leicht ist, die Architektur zu hassen. »Gebäude sind die größten Dinge, mit denen wir jeden Tag in Berührung kommen (…). Sie stellen einen außerordentlichen Einsatz von Material dar (…). Einmal gebaut, ist ein Gebäude nicht leicht zu verändern oder abzureißen.« Zum Glück ist in der heutigen Architektur ein Wandel feststellbar. Die von Kuma seit Langem erhoffte Perspektive mit in ihre Umgebung eingebundenen Gebäuden und der Verwendung bescheidener, lokaler und kreislauffähiger Materialien wird Realität. Inzwischen werden Gebäude entworfen, die auf die großen Probleme aufmerksam machen, mit effizienten Lösungen durch neuartige Architektur.

Die in diesem Buch versammelten beispielhaften Projekte werden in fünf Kapiteln vorgestellt. Im ersten Kapitel, das sich mit dem Thema »Nachhaltige Materialien« befasst, wird die Verwendung von Holz, Stampflehm, Papier und Kork als Baustoff erörtert. Oft sind die vorgestellten Projekte, in denen diese Materialien ihre wertvollen Eigenschaften beweisen, eine aufschlussreiche Rückkehr zu althergebrachten Techniken. Die Architektur verweist auf das Vermeiden von

Transporten durch Verwendung lokaler Ressourcen, schnell montierbare Systeme, die kurze Bauzeiten ermöglichen, und biobasierte, leicht erneuerbare Materialien.

»Die neue Dimension der Innovation« hebt nicht nur die aktuellsten technologischen Fortschritte hervor, sondern versucht auch zu zeigen, wie Innovation komplexes Denken zur Lösung von Problemen mit einschließt. Mit Blick auf Klimakrise, Extremwetterlagen und Bevölkerungsexplosion macht sich die Architektur Gedanken über das städtische Umfeld und die Kreisläufigkeit und entwickelt dabei Ideen wie z. B. flexible, für spätere Umnutzungen anpassbare Räume oder soziale Nachhaltigkeit – Ideen, die auch in anderen Bereichen systematisch einsetzbar sind.

Das Kapitel »Architektur, Begrünung und Landschaft« zeigt, wie wichtig die auf verschiedene Weise realisierte Annäherung von Architektur an die Natur ist. Architekt:innen ließen sich hinsichtlich Form und Funktion von der Natur inspirieren und entwarfen beeindruckende Gebäude, die direkt auf die organische Welt verweisen. Zu ihren einfühlsamen Strategien gehören auch die Planung von Bauten, die sich mühelos in ihre Umgebung einfügen, die Schaffung von Grünanlagen, die besonders in Städten eine wesentliche klimaregulierende Wirkung haben und zur Bewältigung extremer Wetterbedingungen beitragen.

»Neu erfinden durch Umwandeln« demonstriert das Wesen der Kreislaufwirtschaft anhand zahlreicher Beispiele für die zunehmende Zahl von Umgestaltungen bestehender Gebäude. Die Revolution ist so weit fortgeschritten, dass nicht nur ganze Gebäude renoviert oder umgestaltet, sondern ihre aufbereiteten Teile oft für Neubauten verwendet werden. Mit der Wiederverwendung von Abbruchziegeln verschieben sich die Grenzen der Materialrückgewinnung. Viele Technologien werden noch erprobt, doch das Endziel ist der Bau von Gebäuden mit wiederverwendbaren Materialien.

Das letzte Kapitel schließlich ist den »Visionen für die Zukunft« gewidmet. Einige dieser Projekte stehen noch auf dem Papier und warten geduldig auf ihre Verwirklichung, andere befinden sich bereits in der Bauphase. Thematisch berühren diese Projekte alle im Buch behandelten Themen und setzen sich damit mutig auseinander – ein aufschlussreicher Blick in die Zukunft.

Allen, die auf etwaige Schwächen dieser Auswahl hinweisen möchten, muss ich trotz dieser Fülle an Ideen zugestehen: Ja, die Architekt:innen in aller Welt müssen sich mehr anstrengen und vor allem mehr Verantwortung für die Auswirkungen ihrer Arbeit übernehmen. Niemand von ihnen kann man als absolut »nachhaltig« bezeichnen, auch wenn die Portfolios mancher Büros tatsächlich mit ehrgeizigeren und effizienteren Projekten gefüllt sind als andere. Der Weg ist noch lang, viele Strategien sind zu erproben und viele Veränderungen umzusetzen; trotzdem lohnt es sich, auf jeden erfolgreichen Versuch hinzuweisen, der im Rahmen dieser intensiven und dynamischen Prozesse unternommen wird. Ich hoffe, dass dieses Buch viele Lesende, Architekturliebende, Studierende und Fachleute motivieren wird, sich für weitere und noch wirksamere Veränderungen einzusetzen. Der heute beobachtbare Wandel ist zeitaufwendig und komplex; er birgt aufgrund seiner Langsamkeit ein hohes Enttäuschungspotenzial, aber die Richtung ist vorgegeben und die Grundlagen sind vorhanden. Diese faszinierende Auswahl von zukunftsweisenden Projekten ist der beste Beweis dafür. Das Buch zu schreiben war für mich ein außergewöhnliches Abenteuer und eine Gelegenheit, in die genialen Philosophien der Architektur von morgen einzutauchen. Nachdem mir der globale Einfluss der Branche bewusst wurde, war mein erster Eindruck niederschmetternd, aber meine Nachforschungen, die Gespräche mit Architekt:innen und genauere Informationen über die neuesten Projekte haben mir wieder Hoffnung gegeben.

Ich möchte allen Beteiligten meinen Dank aussprechen, die meiner Einladung zu diesem besonderen Projekt gefolgt sind. Alles in allem sind es 75 Einzelpersonen und Büros, zählt man jedoch sämtliche Mitarbeitende mit, haben wir es mit Tausenden zu tun, die an einer besseren Zukunft bauen. Für mich war der Austausch, das Teilen von Fachwissen und Visionen sehr wichtig. Der Weg zur Nachhaltigkeit ist weder einfach noch kurz, aber das bisher Erreichte ist ein Grund zur Freude und macht neugierig auf weitere Entwicklungen. Um Schwerpunktthemen hervorzuheben, werden die genialen Projekte in bestimmten Aspekten gewidmeten Kapiteln vorgestellt, dessen ungeachtet sind sie durchweg in mehrfacher Hinsicht umweltfreundlich – was erneut die Notwendigkeit unterstreicht, das Thema ganzheitlich zu betrachten.

Abschließend möchte ich dieses Buch meinen geliebten Töchtern widmen – Émilie, 7 Jahre, und Mathilde, 1 Jahr. Ich hoffe, dass die darin vorgestellten inspirierenden Projekte den Weg für eine Architektur ebnen werden, in der über das Thema Nachhaltigkeit nicht mehr diskutiert werden muss und alle seine Aspekte wie selbstverständlich in den Entwurfsprozess und die DNA der Architektur einfließen, damit wir und die kommenden Generationen auf einem gesünderen und mehr Sicherheit bietenden Planeten leben können.

Agata Toromanoff

C

NACHHALTIGE MATERIALIEN

Zu den beliebtesten nachhaltigen Materialien zählen heute Bambus, Kork, Stroh, Stampflehm und Holz. Sie reduzieren Wärmeverluste, unterstützen die Belüftung und werden aus erneuerbaren Ressourcen hergestellt. Außerdem sind sie natürlichen Ursprungs und werden oft aus der Region bezogen, wodurch die für ihre Gewinnung nötige Energiemenge vermindert und die mit langen Transportwegen verbundene Umweltverschmutzung vermieden wird. Darüber hinaus ermöglichen sie, an abgelegenen Orten zu bauen, ohne die Natur zu schädigen. Im städtischen Kontext fallen sie durch ihre Ursprünglichkeit auf. Nachhaltige Baustoffe, die sich perfekt an die verschiedenen klimatischen Bedingungen anpassen lassen, reduzieren die Abfallmenge und fördern natürliche Lösungen für das gesamte Gebäude. Auf diese Weise tragen sie zu einer hohen Lebensqualität bei und bieten ein beeindruckendes Potenzial für die Zukunft. Viele dieser Materialien sind seit Jahrhunderten in Verwendung, werden aber zu Unrecht mit rudimentärer Architektur in Verbindung gebracht. Erst vor Kurzem wurden sie von Architekt:innen wiederentdeckt, die nichts unversucht lassen, um die Auswirkungen der Bauindustrie zu verringern, die für 40 Prozent der weltweiten Kohlenstoffemissionen verantwortlich ist. Studios in der ganzen Welt greifen auf traditionelle Techniken zurück, um ihre kühnen Visionen zu verwirklichen und eine Brücke zwischen Vergangenheit und Zukunft zu schlagen. Eingesetzt mit einem modernen Touch und ohne ästhetische Kompromisse, sind nachhaltige Ressourcen Ausdruck der heutigen Zeit. Sie bestimmen die Materialität zeitgenössischer Gebäude neu und leisten einen wichtigen Beitrag zu den Bemühungen, Architektur fühlbar weniger künstlich zu gestalten. Im folgenden Kapitel werden zahlreiche inspirierende Beispiele vorgestellt. Sie lassen hoffen, dass in naher Zukunft Baustoffe und -elemente vor allem aus Abfällen oder mehrmals verwendbaren Materialien hergestellt werden, sodass sie sich ein weiteres Mal einsetzen lassen und nicht bloß kohlenstoffneutral sind, sondern sogar mehr CO_2 absorbieren, als ihre Herstellung verursachte.

Anna Heringer

»Von der klimaneutralen Produktion bis zur sozial gerechten Bauausführung – Lehmbauten helfen, die größten Probleme unserer Zeit abzumildern: Klimawandel und Armut.«

Educational Training Campus in Tatale, Ghana (im Bau)

Anna Heringer hat sich in ihrer Laufbahn als Architektin der Realisation von Projekten verschrieben, die ausschließlich auf natürlichen Materialien basieren. Sie müssen lokal beschafft und von örtlichen Gemeinschaften manuell verbaut werden können – zwei wesentliche Voraussetzungen an den schwierigen, für ihre Arbeit typischen Standorten. Geprägt von einem freiwilligen sozialen Jahr, das sie vor mehr als zwei Jahrzehnten in Bangladesch leistete, demonstriert sie einen ganzheitlichen Ansatz für Nachhaltigkeit: Jeder neue Bau muss in Bezug auf Design, Technik und Material mit dem Standort, dessen Umgebung und den Menschen harmonieren. Für Heringer, die als Honorarprofessorin an der Universität Grenoble einen UNESCO-Lehrstuhl für Lehm-Architektur, Baukulturen und nachhaltige Entwicklung innehat, ist Architektur nicht nur ein Mittel zur Verbesserung individueller Lebensbedingungen: Sie ermöglicht auch bahnbrechende Lösungen, die grundlegende Veränderungen bewirken. Heringer hat sich internationale Anerkennung für ihre

Arbeiten mit Roherde erworben, einem Material, das kostenlos vor Ort verfügbar und zudem gesund und nachhaltig ist. Lehmmauern sind langlebig und trotzen extremen Witterungsverhältnissen. Sie altern natürlich, der Wartungsaufwand ist minimal. Die Bauarbeiten können von lokalen, in der betreffenden Technik geschulten Gemeinschaften durchgeführt werden, die mit dem Bau vertraut sind und ihn leicht instand halten und ausbessern können.

Educational Training Campus in Tatale, Ghana (im Bau)

Lehm als hochwertiger Baustoff für weitläufige Gebäude

Charakteristisch für Heringers Ansatz ist, dass sie auf die traditionellen Bautechniken des jeweiligen Landes und seine kulturellen Wurzeln zurückgreift. Dabei versucht sie, lokale Besonderheiten wie Materialien und deren Vorzüge herauszustellen, aber auch Form und Stil der Bauten ungeachtet ihrer Funktion mit der Identität der betreffenden Gemeinschaft in Einklang zu bringen. Heringer verbindet bei ihren Arbeiten Tradition, Modernität, Funktion, Schönheit und Nachhaltigkeit zu einem kohärenten Ganzen, das genau auf die Nutzung des Bauwerks und dessen Standort abgestimmt ist. Ihr besonderes Verdienst sind die von ihr entwickelten Techniken für die Arbeit mit weithin verfügbaren natürlichen Ressourcen, insbesondere Roherde.

Die Wiederentdeckung dieses traditionellen Baustoffs hat zu erstaunlichen und seine Fähigkeiten beweisenden Ergebnissen geführt. Bauen mit Lehm ist arbeits- und zeitaufwendig, erfordert aber kein schweres Gerät. In einigen Fällen werden manuell errichtete Gebilde mit vorgefertigten Stampflehm-Bauteilen ergänzt. Dieses scheinbar einfache Material bietet hervorragende Eigenschaften in Bezug auf die Festigkeit, selbst bei großen Gebäuden wie Schulen, verbessert aber auch das Raumklima, also die Belüftung und den Schutz vor starker Sonneneinstrahlung. Darüber hinaus zeigt Heringer, dass Lehm auch ein ästhetisch interessantes Material sein kann. Durch seine verschiedenen Farben und Texturen sorgt es für ein optisch angenehmes Ambiente.

ANNA HERINGER

Die deutsche Architektin Anna Heringer stützt sich bei ihren Arbeiten auf ihre Erfahrung mit nachhaltiger Entwicklung, die sie im Alter von 19 Jahren im Lauf eines einjährigen Aufenthalts in Bangladesch erwarb. Heringer übertrug die Philosophie der Nutzung vorhandener und leicht verfügbarer Ressourcen auf die Architektur.

Ihr Wirken gilt dem gesteigerten Einsatz natürlicher Materialien. Mit Martin Rauch entwickelte sie die Methode des *Clay Storming*, also gemeinsam Entwürfe aus Lehm zu modellieren. Heringer realisierte zahlreiche nachhaltige Projekte in Afrika, Asien und Europa und ist weltweit als Dozentin an verschiedenen Universitäten tätig.

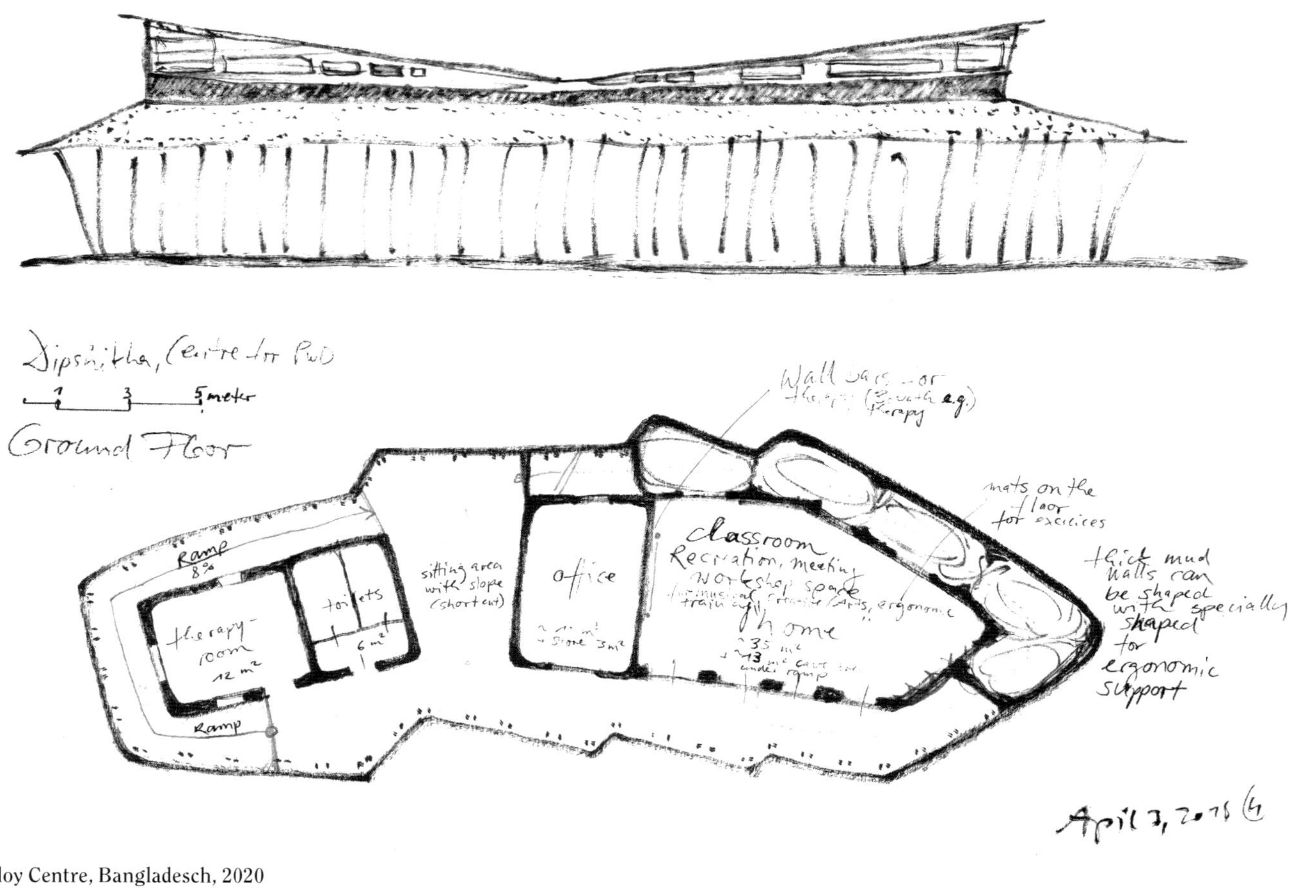

Anandaloy Centre, Bangladesch, 2020

Anandaloy Centre, Rudrapur, Bangladesch, 2020

Das Anandaloy Centre für Menschen mit Behinderungen wurde aus Strohlehmziegeln gebaut, mit denen sich problemlos gerade und gekrümmte Mauern und Wände errichten lassen. In eleganter Kombination mit der Decke, den Bambussäulen und der Dachkonstruktion ist dieser Lehmbau nicht nur eine Augenweide, sondern auch funktional, kostengünstig und dem heißen Klima angepasst. Die das Gebäude erschließende Rampe macht es zu einem Symbol der Inklusion, einem Gemeindezentrum, das wirklich allen zugänglich ist. Der Bildungscampus in Tatale, Ghana (im Bau), wird aus einer Reihe von Schulen bestehen. Die den kulturellen Kontext und die Identität des Ortes berücksichtigende Anlage soll der Landflucht und der Abwanderung der örtlichen Bevölkerung entgegenwirken. Als Baustoff dienen im Wesentlichen kostenlos und lokal verfügbare Materialien, insbesondere Lehm.

Shigeru Ban

»Meine Entwürfe sind stets die Lösung eines Problems.«

Cardboard Cathedral, Christchurch, Neuseeland, 2013

Trotz seiner Karriere als vielbeschäftigter, mit prestigeträchtigen Aufträgen betrauter Stararchitekt widmet sich Shigeru Ban weiterhin Projekten der Katastrophenhilfe. Lösungen für Notsituationen und Menschen zu finden, die ihre Heimat aufgrund von Naturkatastrophen oder bewaffneten Konflikten verlassen mussten, ist eine besonders herausfordernde Aufgabe. Notunterkünfte müssen schnell entstehen, bezahlbar sein und zudem ein Gefühl von Stabilität und Sicherheit vermitteln. Ban fügt diesen Kriterien zwei weitere Aspekte hinzu – Nachhaltigkeit und Ästhetik. Er ist ein Verfechter der Holzbauweise, da er Holz als das erneuerbarste und visuell ansprechendste Material ansieht und deshalb bei vielen seiner Projekte einsetzt. Davon abgesehen erfand er ein revolutionäres System aus Kartonageröhren. Anfangs benutzte er sie für den Entwurf eines Ausstellungsstands in einem Innenraum. Berühmt für seine Fähigkeiten als Statiker, entwickelte Ban eine Methode zum Tragen großer Gebäudelasten. Um seine These zu beweisen, dass die Festigkeit eines Baus nicht von der Festigkeit des Materials abhängt, entwarf der Architekt 1995 das Paper House, ein Wochenendhaus am Yamanaka-See in der Nähe des Bergs Fuji. Es besteht aus

110 Kartonageröhren, die eine s-förmige Kolonnade bilden. Die Festigkeit dieser Struktur ist inzwischen zertifiziert und zog eine Reihe von architektonischen Experimenten nach sich, die ebenso kühn wie erfolgreich waren.
Ban versucht, bei Katastrophen rund um den Globus zu helfen, und setzt sein geniales System an den unterschiedlichsten Orten ein, wobei er stets die lokalen Klimabedingungen berücksichtigt. Nahezu drei Jahrzehnte Katastrophenhilfearchitektur führten zu neuen Erfahrungen und weiteren Entwicklungen, doch im Notfall erweisen sich seine bewährten Pappröhren immer als hilfreich.

SHIGERU BAN

Der japanische Architekt Shigeru Ban, ein eifriger Rugbyspieler, wollte ursprünglich Schreiner werden. Zum Glück für die Architekturbranche entschied er sich schließlich für ein Architekturstudium. Von 1977 bis 1984 studierte er in den USA am Southern California Institute of Architecture und an der Cooper Union School, daneben arbeitete er im Büro Arata Isozakis in Tokio, wo er 1985 sein eigenes Büro eröffnete. Davor besuchte er Europa, wo ihn die Entwürfe Alvar Aaltos in Finnland besonders beeindruckten. Bans Arbeit umfasst Multi-Millionen-Dollar-Projekte ebenso wie Katastrophenhilfe-Bauten. Mit seinem revolutionären Kartonageröhrensystem hilft er Flüchtlingen in aller Welt, während ihm seine zahlreichen, auf natürlichem Material und einfallsreichem Design basierenden Bauwerke 2014 den renommierten Pritzker-Preis einbrachten.

Papierkonzerthalle, L'Aquila, Italien, 2011

Japanischer Pavillon auf der Expo 2000, Hannover, Deutschland, 2000

Philosophie der Abfallvermeidung

Kartonageröhren dienen üblicherweise als Gießformen für Betonsäulen, wurden aber schnell zu einem Bauelement, das langlebig, schnell zu montieren und danach leicht demontierbar ist. Bans Ziel sind Konstruktionen, mit denen man Abfall vermeidet. Kartonageröhren sind ein einfaches Material, dabei preiswert und zu 100 Prozent recycelbar. Sie sind leicht und erfordern kein starkes Fundament. Zudem lassen sich darin sämtliche Elektro- oder Rohrinstallationen verstecken. Durch ihre gekrümmte Oberfläche besitzen sie gute akustische Eigenschaften. Mit leicht anpassbaren Dämmungen versehen sind sie zudem widerstandsfähig gegenüber schwierigen Witterungseinflüssen.

Die nach einem Erdbeben im April 2009 in L'Aquila, Italien, errichtete Papierkonzerthalle (2011) ist ein weiteres Großprojekt, das zeigt, wie ein röhrenförmiges System aus Karton für Stabilität sorgt. Zugleich machte sich der Architekt hier die akustischen Eigenschaften des Materials zunutze. Die Cardboard Cathedral in Christchurch, Neuseeland (2013), wurde errichtet, um die durch das verheerende Erdbeben von 2011 zerstörte Kathedrale von Christchurch zu ersetzen. Die Geometrie der 700 Personen fassenden Kathedrale aus Karton wurde durch den Grundriss und das Aussehen der ursprünglichen Kathedrale bestimmt und erforderte besonders starke und große Papierröhren. Für die Expo 2000 in Hannover mit ihrem Fokus auf Nachhaltigkeit plante Ban den japanischen Pavillon als vollständig recycel- oder wiederverwendbare Konstruktion. Die sorgfältig verwobenen, mit Gewebeband verbundenen Papierröhren des skulpturalen Gitterschalen-Tunnelbogens bilden eine leichte Struktur. Durch hölzerne Leiterbogen verstärkt und subtil mit einer feuer- und wasserfesten Papiermembran überzogen, beeindruckte der Bau die Messebesucher durch seine kühne Größe.

Mario Cucinella

»Uns gefällt der Gedanke, dass mit TECLA eine neue Ära beginnt. Es wäre wirklich großartig, die Zukunft dadurch zu gestalten, dass wir dieses uralte Material mit den heute zur Verfügung stehenden Technologien verarbeiten.«

Mario Cucinella beschreibt die Ästhetik von TECLA als »Ergebnis eines technischen und materiellen Kraftakts; es war nicht bloß ein ästhetischer Ansatz. Es ist eine ehrliche Form, eine aufrichtige Form.« Der »TECLA – Technology and Clay«-Prototyp basiert auf den Forschungen zur ökologischen Nachhaltigkeit der Forschungsabteilung von Mario Cucinella Architects zusammen mit der »SOS School of Sustainability«. Die Architekt:innen schlossen sich mit der italienischen Firma WASP zusammen, einem führenden Anbieter von 3-D-Druckern und Software, um ein höchst innovatives und sorgfältig geplantes Wohnprojekt zu realisieren. TECLA wurde in 200 Druckstunden fertiggestellt. Es ist der originelle und faszinierende Prototyp eines 3-D-Hauses aus Erdreich (vor Ort auf dem Baugelände gewonnen). Kern des Projekts war, eine Bauform zu finden, die sich perfekt in die natürliche Umgebung integriert. Das Team untersuchte zahlreiche Wohnlösungen in Bezug auf Klimaverhältnisse und geografische Breite. Neben bioklimatischen Fragen ging es um die Nutzung natürlicher, lokal verfügbarer Materialien. Die Arbeiten führten zu einem soliden und thermisch ausgewogenen Modellhaus (Isolierung und Belüftung lassen sich leicht an andere Klimabedingungen anpassen), das sich aus verschiedenen Erdarten errichten lässt.

Wohnprojekt TECLA, 2021

Die geschwungenen Wände erwecken den Eindruck eines organischen Kokons.

Die funktionalen Erwägungen standen den ästhetischen Entscheidungen nicht im Weg – durch die fließende und sinnlich geschwungene Form und die ausgeprägte Textur entstand eine einladende und stimmungsvolle Behausung. Cucinella zufolge »hat die atypische Form, von der Geometrie bis hin zu den Rippen der Außenwand, die ausgewogene Struktur des Bauwerks ermöglicht – sowohl während des 3-D-Drucks der Hülle als auch nach Fertigstellung der Abdeckung –, sodass ein organisches und visuell kohärentes Design entstand«. Die Herstellung aus einer Erdmischung machte den Prototyp TECLA zu einem nahezu emissionsfreien Bau, der sehr wenig Abfall und einen geringen CO_2-Fußabdruck verursachte. Er besteht aus zwei kuppelartigen, durch organische Linien verbundenen Rundkörpern mit drei als Lichtquellen dienenden Öffnungen – der großen Eingangstür und den zwei kreisförmigen Dachfenstern in den beiden Kuppeln. Die eine umschließt einen Wohnbereich mit integrierter Küchenzeile, die andere den Nachtbereich. Aufgrund dieser Doppelform wurde beim Bauprozess ein Drucker mit zwei synchronisierten Armen eingesetzt, wobei eine spezielle Software mögliche Kollisionen verhinderte. Einige mit der gleichen lokalen Erde gedruckte Einrichtungselemente sind fest in die Wände integriert. Andere lassen sich wiederverwenden oder recyceln, womit der Architekt seine Philosophie vom Kreislauf des Lebens zum Ausdruck bringen wollte. Die ausgeprägt strukturierten Wandflächen bleiben sowohl außen wie innen sichtbar, um die Textur des natürlichen Materials zu betonen.

MARIO CUCINELLA

Der italienische Architekt Mario Cucinella gründete 1992 in Paris Mario Cucinella Architects (MCA), 1999 eröffnete er ein Büro in Bologna, später auch in Mailand. »Wir entwerfen und realisieren architektonische Projekte, die durch Forschung, innovative Technologie und berufliche Kompetenz ein Ideal architektonischer Qualität darstellen, zu der auch Umweltverträglichkeit, Ethik und eine positive soziale Wirkung gehören«, erklärt der Architekt. Die mit einem ganzheitlichen Ansatz betriebenen Forschungen über Nachhaltigkeit gehen mit Studien zu den Folgen des Klimawandels einher. Zugleich nutzt MCA die neuesten technologischen Innovationen im Sinne der Klimaziele, die sich die EU für 2030 gesetzt hat.

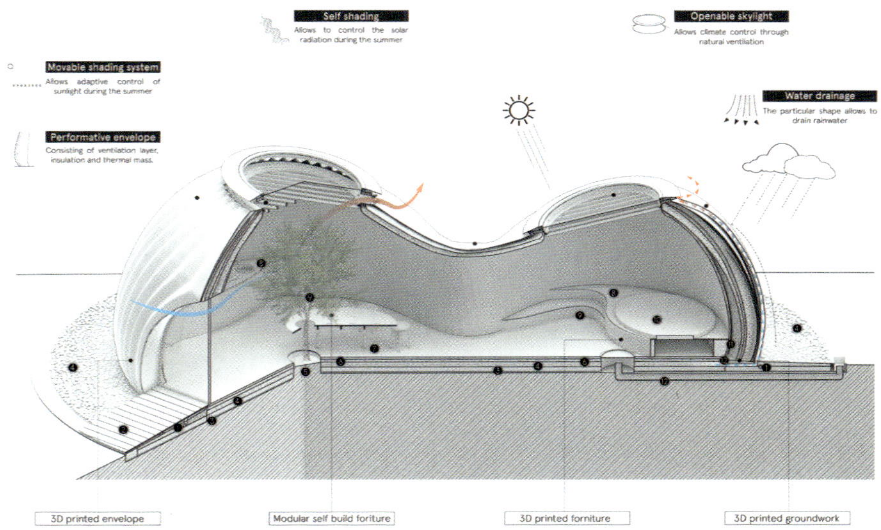

Henning Larsen

»Der für die Generation der Klimakrise konzipierte Anbau aus Holz und Stroh ist eine skalierbare Lösung für die Kohlenstoffbindung und erteilt der Welt eine Lektion in Öko-Innovation.«

Die für ihre beeindruckende nachhaltige Agenda bekannten Fachleute des Büros Henning Larsen konzentrieren sich bei ihrer Arbeit auf vier für sie wesentliche Themen: Dekarbonisierung mit dem Ziel Netto-Null zwecks effizienter Reduzierung des CO_2-Fußabdrucks, Betonung der biologischen Vielfalt und der Ökosysteme durch Integration von Natur in die architektonische Struktur, Nutzung von Ressourcen und Materialien im Sinne der Kreislaufwirtschaft und schließlich Entwürfe, die Gesellschaften resilient machen und das Wohlbefinden blühender Gemeinschaften anstreben. Das Studio bezeichnet den Anbau der Feldballe Friskole als sein bisher ehrgeizigstes Projekt mit dem geringsten Kohlenstoff-Fußabdruck. Das Gebäude grenzt an die Öko-Gemeinschaft Friland und beherbergt eine Schule für eine künftige Generation, die sich für eine nachhaltigere Welt und die Bewältigung der Folgen der Klimakrise einsetzt. Der ehrgeizige Zweck des Anbaus erforderte eine besondere Designstrategie, die die Mission der Schule widerspiegeln sollte. Ohne Kompromisse bei Funktion oder Ästhetik einzugehen, verwendete das Studio ausschließlich biobasierte Materialien, die durch ihre speziell entworfene Struktur aus kohlenstoffbindenden Elementen auf natürliche Weise CO_2 absorbieren und speichern. Die giftfreien, brandsicheren und effizient isolierenden Materialien wurden gewählt, um ein angenehmes Raumklima zu schaffen. Die in Zusammenarbeit mit EcoCocon realisierte Konstruktion besteht aus einem bahnbrechenden Paneelsystem: mit gepresstem Stroh gefüllte und mit Lehm bedeckte Holzkassetten. Das Dach besteht aus lokal produziertem und zertifiziertem Holz. Für das Belüftungssystem wurde Seegras eingesetzt, eine weitverbreitete Meerespflanze. Während das Stroh die Feuchtigkeit abführt, wirkt das Seegras als Luftfilter und sorgt für eine natürliche Belüftung. Diese schnell wachsenden und leicht verfügbaren pflanzlichen Materialien eignen sich hervorragend zur Herstellung von Baustoffen und verringern die baubedingte Umweltbelastung.

Anbau der Feldballe Friskole, Rønde, Dänemark, 2022

Auf dem Weg zur Dekarbonisierung

Die Innenräume wurden mit großzügigen Räumen und hohen Decken konzipiert. Hier dominiert unbehandeltes Sperrholz, mit dem sämtliche Oberflächen einschließlich der Einbaumöbelstücke verkleidet sind. »Natürliche und passive Belüftungssysteme, unterstützt durch Sonnenkollektoren auf dem Dach, eliminieren den Energieverbrauch im täglichen Betrieb«, wird erklärt. Dieses ausgeklügelte und natürliche Bausystem berücksichtigt den gesamten Lebenszyklus des Gebäudes und kann an eine Vielzahl von Typen angepasst werden. Als Rahmen des Entwurfs dienten fünf Prinzipien: Verwendung von nachhaltig gewonnenen, erneuerbaren und biobasierten Materialien zur Kohlenstoffbindung; Wiederverwendung lokaler Materialien zwecks Energieeinsparung; Gewährleistung einer sauberen Konstruktion und Produktion ohne giftige Chemikalien; Nutzung von Tageslicht und ausreichende Belüftung für ein gesundes Innenraumklima und nicht zuletzt leichte Zerlegbarkeit in Komponenten, die sich später im Sinne der Kreislaufwirtschaft recyceln oder wiederverwenden lassen. Diese universellen Grundsätze sind bei jeder Art von Projekt anwendbar, sodass in jeder Phase des Entwurfsprozesses der Fokus auf Nachhaltigkeit liegt. Der Anbau der Feldballe-Schule ist ein unauffälliges, aber wirkungsmächtiges Projekt, das als Vorbild das Potenzial besitzt, die Errichtung neuer Gebäude unabhängig von ihrer Größe zu revolutionieren. Um ihr Dekarbonisierungs-Programm weiter voranzutreiben, fanden die Beteiligten Lösungen mit langfristiger Wirkung.

Anbau der Feldballe Friskole, Rønde, Dänemark, 2022

HENNING LARSEN

Der dänische Architekt Henning Larsen (1925–2013) gründete 1959 sein gleichnamiges Büro und entwarf zahlreiche ikonische Gebäude, die sich durch ein besonderes Augenmerk auf das Tageslicht auszeichnen. Heute unterhält das Studio Büros in acht Ländern und arbeitet in verschiedenen Disziplinen wie Architektur, Landschaftsgestaltung, Stadtplanung und Innenarchitektur. Im Mittelpunkt seiner Designphilosophie stehen das Spiel von Licht und Natur, das Streben nach neuen Erkenntnissen und »das Engagement für Kontext, Kultur und Menschen«. Seine vom Kontext inspirierten Entwürfe zielen darauf ab, einen dauerhaften Einfluss auf Gemeinschaften und ihre Umgebung auszuüben. Durch interdisziplinäres Denken und Entwerfen trug das Studio mit seinen zahlreichen Realisierungen zu nachhaltigen Veränderungen bei. Die zahlreichen Herausforderungen unserer heutigen Welt wie Rückgang der Artenvielfalt, extreme Wetterbedingungen, Umweltverschmutzung und Materialknappheit sind die treibende Kraft seiner Arbeit.

OOPEAA

»Für uns bei OOPEAA ist es das Ziel, ein besseres Leben zu schaffen: eine Architektur, die nah am Menschen ist, aber auch im Dialog mit ihrem Umfeld steht.«

Um diesen kühnen Anspruch zu verwirklichen, werden Gebäude konzipiert, die ökologisch nachhaltig, ästhetisch hochwertig und zugleich dem Standort verpflichtet sind. Die Innovationen von OOPEAA beziehen sich auf zwei Aspekte: die Arbeit mit Holz und Massivholz als natürlichem, lokal verfügbarem, erneuerbarem und wiederverwertbarem Material und die Entwicklung neuer, flexibel anpassbarer Modulsysteme. Der Wohnkomplex Puukuokka mit seinen Gemeinschaftseinrichtungen und bezahlbaren Wohneinheiten macht das ganze Potenzial dieser Philosophie deutlich. Ein System von Raummodulen aus Brettsperrholz ermöglichte den Bau dreier mehrstöckiger Wohnhäuser mit Massivholztragwerk (die Anwendung des Konzepts wurde in Zusammenarbeit mit Stora Enso entwickelt). Durch die Verwendung von CLT-Modulen aus Fichtensperrholz ließ sich ein großzügiger, lichtdurchfluteter Flur- und Atriumraum schaffen und energieeffizient realisieren. Das Material aus Massivholz wird aufgrund seiner isolierenden Eigenschaften geschätzt, die es ermöglichen, die Temperatur der einzelnen Einheiten und des Atriumraums unabhängig voneinander auszugleichen, ohne Auswirkungen auf die benachbarten Apartments. Die Leitungen für Heizung, Wasser, Strom und Lüftung wurden in die Wand aus vorgefertigten CLT-Modulen gegenüber dem Flur integriert und sind damit für Wartungsmaßnahmen leicht zugänglich. Die sorgfältig entwickelten Raummodule ermöglichten auch die effiziente Anordnung der Räume. Jede Wohnung besteht aus zwei Modulen – eines für Wohnzimmer, Balkon und Schlafzimmer, das andere für Diele, Bad und Küche.

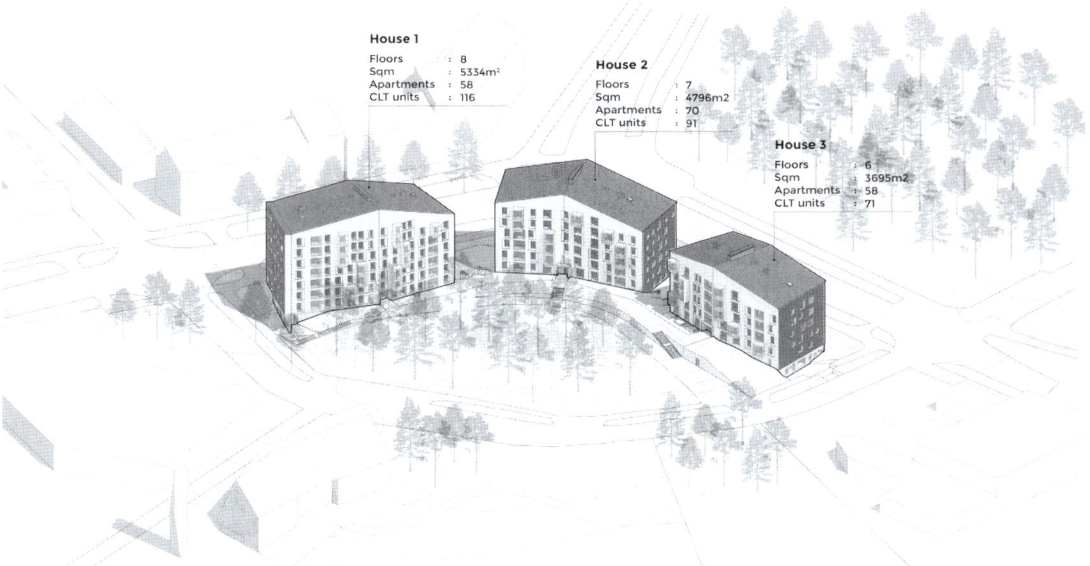

Wohnkomplex Puukuokka, Jyväskylä, Finnland, 2018

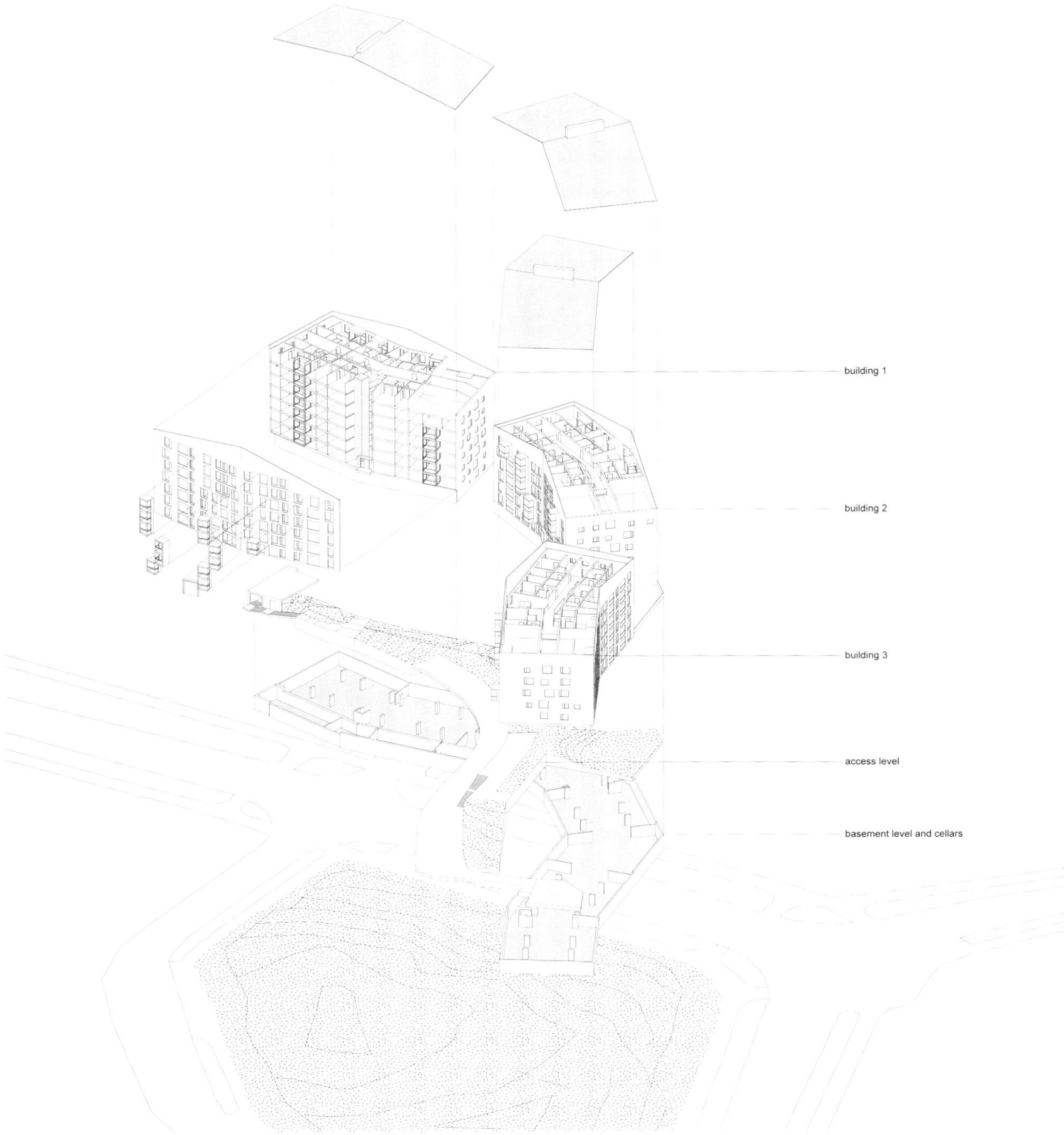

OOPEAA

Das finnische Studio OOPEAA, Office for Peripheral Architecture, gegründet von Anssi Lassila, beschäftigt ein Team junger Fachleute. Um den Ideenaustausch zu fördern, arbeiten sie auf interaktive Weise in kleinen, von Projekt zu Projekt variierenden Gruppen. Die drei wichtigsten Grundsätze des Studios sind Sorgfalt, also Übernahme von Verantwortung für die Schaffung einer nachhaltigen Grundlage für ein gutes Leben, Neugier, verstanden als Offenheit für neue Sichtweisen und Lernprozesse, und schließlich das Verständnis für den sozialen, kulturellen und wirtschaftlichen Kontext oder den Standort selbst. Ihre Projekte unterschiedlicher Größenordnung – Neubauten und Renovierungen – verbinden innovative Ideen mit dem Respekt vor Tradition und Charakter des Orts. Vor allem aber konzentrieren sie sich auf die Entwicklung effizienter und nachhaltiger Lösungen.

Optimale Nutzung der technischen und ästhetischen Qualitäten von Brettsperrholz

Die vollständig aus Holz bestehenden Fassaden wurden als Einzelteile produziert, die Module hingegen in einer weniger als zwei Stunden von der Baustelle entfernten Fabrik vorgefertigt, sodass der Zusammenbau vor Ort erfolgen konnte. Diese Lösung verringerte die Umweltbelastung, da sie den Transportweg und die Bauzeit verkürzte (auf nur sechs Monate pro Gebäude). Das Projekt ist in mehrfacher Hinsicht ein Pilotprojekt, da es zwecks Verbesserung der sozialen Nachhaltigkeit ein Mietkaufmodell einführte: Die Bewohner:innen werden schrittweise zu Wohnungseigentümer:innen, indem sie eine Anzahlung von sieben Prozent des Kaufpreises entrichten und dann über einen Zeitraum von 20 Jahren Miete zahlen (der Verkaufspreis wird bei der Unterzeichnung des Mietvertrags vereinbart).

Für alle 184 Haushalte mit Alleinstehenden jeden Alters bis hin zu Familien mit Kindern schafft Puukuokka ein freundliches Lebensumfeld und eine sozial stabile Gemeinschaft. Das Projekt zeigt auch, dass die ökologisch und sozial nachhaltigen Lösungen von OOPEAA genau den heutigen Bedürfnissen und der heutigen Ästhetik entsprechen. Der Architektur ist es gelungen, die warme und private Atmosphäre eines Einfamilienhauses mit dem halböffentlichen Charakter der Gemeinschaftsbereiche eines typischen Mehrfamilienhauses zu verbinden.

IBUKU

»Auf der Grundlage dieses einen Materials schaffen wir ein neues Designvokabular und erforschen, wie nachhaltige Architektur und Design Luxus neu definieren können.«

Alchemy Yoga Center (Alchemy Tilem Dome), Penestanan, Ubud, Bali, Indonesien, 2022

IBUKU pflegt die traditionellen Fertigkeiten balinesischer Kunsthandwerker und verwendet Bambus – eines der derzeit am meisten bewunderten nachhaltigen Materialien – in einer noch nie gekannten Weise. Am auffälligsten sind die Dimensionen seiner Gebäude und die Flexibilität, die Bambus beweist, wenn daraus riesige Bogen oder geschwungene Wände und Dächer entstehen.
Im Bestreben, Räume zu schaffen, in denen die Menschen in einer authentischen Beziehung zur Natur leben können, beweist IBUKU, dass Bambus als Baumaterial sehr effektiv und dauerhaft ist und auf die fantasievollste Weise eingesetzt werden kann. Bei der Arbeit mit Bambus und anderen nachhaltigen Ressourcen setzt man auf hohe Ansprüche und entwirft Gebäude, die umweltfreundlich, gesund für die Nutzer:innen, leistungsfähig sowie visuell ansprechend sind und sich vor allem harmonisch in die Umgebung einfügen.
Der Mari Beach Club, ein nachhaltiges Luxusresort am Batu Belig Beach, umfasst unter anderem eine Poolbar, einen Shop, ein Restaurant und eine Kompostieranlage. Er bietet einen Blick auf das Meer und die Natur Balis. IBUKU plante tief herabreichende, mit Kupfer gedeckte Dächer.
Um die Auswirkungen auf die Atmosphäre zu verringern, wurde einheimischer Stein verwendet.
Am beeindruckendsten ist das zentrale Gebäude.
Sein gewelltes Dach ist von den Bergen im Zentrum der Insel inspiriert. Die auf die Topografie des Geländes verweisende Struktur bietet atemberaubende Ausblicke.

Innovativ mit natürlichen Materialien

Dass die Verwendung von Bambus in einem groß angelegten Bauwerk ganz besondere Erlebnisse ermöglicht, zeigt auch das Alchemy Yoga Center. Herzstück des Zentrums sind zwei *Shalas*, die außergewöhnliche Räume für Yoga-Übungen bieten. Sie orientieren sich an den Konzepten *Tilem* (balinesisch für »Neumond«) und *Purnama* (»Vollmond«). Das wichtigste Baumaterial ist Bambus; um das auffallend gewellte Dach zu decken und die Langlebigkeit der Konstruktion zu erhöhen, wählte IBUKU allerdings handgefertigte Kupferschindeln. »Die Tilem Shala zeichnet sich durch eine wunderschöne schwarze Petung-Bambusstruktur aus, die eine Decke und ein Dach trägt, das bis zu dem dunklen Ulin-Holzboden herabreicht«, erklärt das Studio. Die natürliche Farbpalette und die organischen Formen schaffen einen angenehmen, intimen Raum, der sich perfekt in den üppigen grünen Kontext einfügt. Einen nutzbringenden Einfluss übten auf die Arbeit des Studios die verwendeten Materialien aus, die Menschen, mit denen das Studio zusammenarbeitete, und das Land, auf dem das Zentrum gebaut wurde. Dank der Verwendung von Bambus und anderen ökologischen Baustoffen ist das Gebäude sichtbar mit der lokalen Kultur und Landschaft verbunden und unterstreicht, in welchem Ausmaß die Projekte von IBUKU in vielerlei Hinsicht vollkommen nachhaltig sind.

Mari Beach Club, Batu Belig Beach, Bali, Indonesien, 2022

IBUKU

Die auf Bali geborene Gründerin und Leiterin von IBUKU, Elora Hardy, arbeitete nach ihrem Kunststudium in der Modebranche. 2010 entschied sie sich für einen Karrierewechsel und eröffnete auf ihrer Heimatinsel ein Studio. Sie nahm die Herausforderung an, das Design- und Bauteam der Green School auf Bali zu leiten, und läutete damit die Erfolgsserie ihres Studios ein, dem einige der originellsten nachhaltigen Bambuskonstruktionen zu verdanken sind. Ihr Team vereint 25 Fachleute für Design, Architektur und Ingenieurwesen und verbindet erfolgreich innovative Designideen mit moderner Technik und balinesischer Handwerkskunst. Seine ehrgeizigen, die Grenzen der Verwendung von Bambus verschiebenden Projekte reichen von Wohn- und Gaststättenarchitektur bis zu Schul- und Veranstaltungsräumen und werden sowohl auf Bali als auch international realisiert.

Kengo Kuma

»In erster Linie geht es bei Architektur um Zusammenhänge.«

Die von Kengo Kuma entworfenen Gebäude sind für ihre besondere Materialität bekannt: ob er nun mit Holz, Papier oder Beton arbeitet, Kuma versteht es, das Wesen des Materials herauszustellen. In der Regel lässt er sich bei seinen Entscheidungen für bestimmte Qualitäten und Texturen vom Kontext des geplanten Baus leiten, wobei er stets auf Reinheit bedacht ist und auf überflüssige Elemente verzichtet. Als traditionelle japanische Baustoffe spielen Holz und Papier bei seinen Arbeiten eine besondere Rolle. Das daraus errichtete Haus Mêmu Meadows ist Teil eines experimentellen Projekts, in dessen Rahmen die Taiki-Rennpferdfarm auf Hokkaido in eine Forschungs-, Bildungs- und Trainingseinrichtung umgebaut wurde. Das Hauptziel war, verschiedene nachhaltige architektonische Lösungen zu testen. Die ehemaligen Pferdeställe und die Reithalle wurden renoviert, um darin Universitätslabors und Trainingseinrichtungen unterzubringen. Darüber hinaus sind auf dem weitläufigen Farmgelände eine Reihe von experimentellen Häusern vorgesehen. Als erstes entstand Kumas Mêmu Meadows, das großteils vom *Chise* inspiriert ist, dem traditionellen Wohnhaustyp des Ainu-Stamms im Norden Japans einschließlich der Insel Hokkaido. Die Idee war, eine Struktur zu entwerfen, die sowohl dem extremen lokalen Klima als auch der seismischen Aktivität der Insel standhalten würde. Das Ergebnis ist ein 80 Quadratmeter großes, lichtdurchlässiges Haus, schnell auf- und abbaubar, erstaunlich leicht und dennoch robust.

Experimentalhaus Mêmu Meadows, Hokkaido, Japan, 2011

Ein traditioneller Haustyp in Verbindung mit neuen Materialien

Das typische *Chise*-Haus ist ein »Grashaus«. Das bedeutet, dass sowohl das Dach als auch die Wände mit wärmeisolierendem Ried- oder Bambusgras bedeckt sind. Kengo Kuma entschied sich für eine Holzrahmenstruktur aus japanischer Lärche, die er außen mit einer Folie aus Polyester-Fluorkohlenstoff und innen mit einer abnehmbaren Glasfaserfolie verkleidete. Dazwischen befindet sich eine aus recycelten PET-Flaschen hergestellte Polyester-Isolierung. Auf diese Weise kann das Tageslicht sowohl durch die Wände als auch durch das Dach eindringen. Die Folien sind auf einer am Holzrahmen befestigten Metallstruktur angebracht. Diese Lösung sorgt zudem für eine gute Luftzirkulation. Auch Elemente wie direkt auf dem Boden liegende Matten und eine zentral gelegene Feuerstelle sind von der traditionellen Struktur der *Chise* geprägt. »Der Grundgedanke von *Chise*, dem ›Haus der Erde‹, besteht darin, den Boden zu erwärmen und die davon abgestrahlte Wärme zu nutzen«, erklärt das Studio. Mêmu Meadows verfügt über eine im Fußboden installierte geothermische Heizung, die man aber aufgrund der Strahlungswärme des Bodens selbst im Winter mehrere Tage lang abschalten kann. Ausblicke in verschiedene Richtungen ermöglichen nur einige isolierte Fenster. Mêmu Meadows ist der interessante Prototyp eines Hauses, das sich für Regionen mit rauem Klima und seismisch aktivem Gelände eignet. Kuma zeigt damit, wie effektiv eine Kombination aus traditionellem Bautyp und neuen Materialien sein kann. Zu der funktionalen Effizienz und den nachhaltigen Lösungen kommt als weiterer erfreulicher Aspekt die Ästhetik. Die lichtdurchlässige Gebäudehülle filtert das Tageslicht und schafft eine ruhige und angenehme Wohnumgebung.

Experimentalhaus Mêmu Meadows, Hokkaido, Japan, 2011

KENGO KUMA

Der international renommierte japanische Architekt Kengo Kuma ist einer der wichtigsten Verfechter einer neuen Art von Gebäudegestaltung. Seine seit 1990 (dem Gründungsjahr von Kengo Kuma & Associates) realisierten Projekte demonstrieren die Kraft einer mit viel Respekt für die Natur geplanten Architektur. Zu den Schlüsselaspekten seiner Arbeit gehören die räumliche Verbindung des Baus mit der Umgebung, die Verwendung natürlicher und lokaler Materialien, leicht anpassbare Räume und Kreisläufe. Fast sein gesamtes Berufsleben lang hat Kuma sein Wirken als Architekt mit der Lehrtätigkeit an japanischen Universitäten verbunden und ist Autor zahlreicher inspirierender Publikationen.

Arquipélago Arquitetos

»Eigenschaften wie Härte, thermische Trägheit, Farbe, Helligkeit und taktile Qualität sind Faktoren, die auf die physikalischen und chemischen Eigenschaften des jeweiligen Bodens zurückzuführen sind.«

Haus in Cunha, Brasilien, 2019

Im Haus in Cunha trifft die Reinheit des Materials auf den Minimalismus der geometrischen Formen. Seine geraden Linien heben sich von der hügeligen Landschaft ab, gleichzeitig schafft der verwendete Stampflehm eine visuelle Beziehung zum natürlichen Kontext. Die Verbindung der Bewohner:innen mit der unberührten Natur der Umgebung war ein entscheidender Aspekt der Aufgabenstellung. Das in einer Bergregion gelegene Haus wurde auf einer Anhöhe erbaut, um den Panoramablick auf die atemberaubende Landschaft zu nutzen, deren Anblick man auch durch die großen Glasfenster der Nordfassade genießen kann. Sie nehmen tagsüber die Sonnenstrahlung auf, um die Wärme im Haus zu halten (in strengen Wintern besonders wichtig). Geöffnet dienen sie der Querlüftung. Bei der Bauplanung mussten die klimatischen Gegebenheiten des Ortes berücksichtigt werden.

Zum Schutz vor kalten Winden wurde das Haus ansatzweise in die Erde eingesenkt. Der einen Meter tiefe Einschnitt führte auch zum Hauptbaustoff: Stampflehm. Seine Verwendung erleichterte den Bauvorgang, da der Transport der Materialien zur Baustelle eine große Herausforderung darstellte. Zudem ermöglichte die thermische Kapazität des Stampflehms eine angesichts der lokalen Witterungsbedingungen ideale Isolierung. Das flache und niedrige Gebäude steht fest auf einem Betonfundament, die Hauptmauern bestehen aus zeitgemäß verbautem Stampflehm. »Zum Einsatz kam ein authentisches Schalungssystem, bei dem die Perforation mit Metallstäben vermieden und ein effizienter Bauablauf erzielt wurde, da sich die Komponenten des Gebäudes leicht demontieren und wieder zusammensetzen lassen«, erklären die Beteiligten von Arquipélago Arquitetos.

Das ästhetisch reizvolle Zusammenspiel von Stampflehm und Geometrie

Diese besondere Technik ermöglichte es nicht nur, den Bau den Gegebenheiten des Standorts anzupassen. Darüber hinaus sorgte der als Baustoff dienende Lehm für eine sehr authentische, im Einklang mit der Natur stehende haptische Materialität. Lehm wurde auch für einige Details verwendet, wie z. B. für den Holzofen im Wohnzimmer. Ziegel und Holz wurden als sich hervorragend ergänzende Materialien eingesetzt, da sie die gleiche Farbpalette und die gleiche Haptik aufweisen, die durch das natürliche Licht noch verstärkt wird. Die strohfarbenen Ziegel stammen aus einer örtlichen Töpferei (die Region ist bekannt für ihre Keramik), die mit aluminiumhaltigem Ton aus den regionalen Überflutungsgebieten arbeitet. All dies zeigt, wie sehr die Architektur auf die Reinheit des Materials bedacht ist. Die Einfachheit des Baus wird durch den großzügigen Einsatz von Glas unterstrichen, das für helle, sich zur Umgebung öffnende Innenräume sorgt. Um Bereiche mit Privatsphäre zu schaffen und bei Bedarf das Sonnenlicht zu filtern, sind an einigen Fenstern bewegliche Holzpaneele mit vertikalen Lamellen angebracht. Die großzügigen Innenräume wurden mit einer Vielzahl von Texturen und einer subtilen Palette aus natürlichen Materialien in gedämpften Farben gestaltet. Highlights des Wohnzimmers sind ein Kamin und ein Holzofen aus Lehm. »Als Dachstruktur dient ein Holzrost, der im Verein mit dem Boden zwei große horizontale Holzflächen bildet, die sich von den vertikalen Flächen aus Erde unterscheiden«, wird erläutert. Während seine Materialität dazu beiträgt, den Bau mit der Umgebung zu verschmelzen, bilden seine scharfen Linien einen interessanten Kontrast zur Topografie.

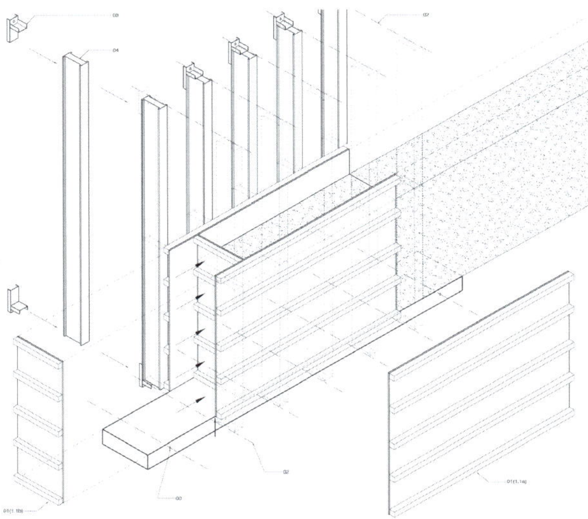

ARQUIPÉLAGO ARQUITETOS

Arquipélago Arquitetos, gegründet 2013 von Luís Tavares und Marinho Velloso, ist ein auf Wohngebäude spezialisiertes Studio mit Sitz in São Paulo. Bei vielen seiner Projekte wirkt die Architektur als markantes, den Eingriff des Menschen in die freie Natur hervorhebendes Element, was vor allem an ihrer von Geometrie geprägten Optik liegt. Die Entscheidung für Stampflehm oder vorgefertigte Bauteile hängt von den am Bauort herrschenden klimatischen Bedingungen ab. Abgesehen von seinen nachhaltigen Wohnbauprojekten wurde das Studio auch durch die originelle Renovierung eines alten Kinos im historischen Zentrum von Paraty in Brasilien bekannt. Hier gelang es, zeitgemäße Elemente zu verwenden und gleichzeitig die ursprüngliche Identität zu bewahren.

ZAV Architects

»Die Sandsäcke, aus denen die räumlichen Teilchen (oder Kuppeln) bestehen, sind mit Baggersand aus dem Hafen von Hormus gefüllt, als wäre die Erde aufgequollen, um Platz für Unterkünfte zu schaffen.«

Die Philosophie von ZAV Architects hat einen erfinderischen Ansatz und zeigt sich aufgeschlossen für die flexiblen Möglichkeiten architektonischer Mittel und Mechanismen. Bei der Suche nach »adaptiven Architekturtypen und zukunftssicheren Szenarien« hinterfragt man auch die Prinzipien des Fachs. Etwa, ob man nicht einen größeren Teil des Budgets für Arbeitskosten aufwenden und lokal verfügbare Materialien verwenden sollte, statt teure Materialien zu importieren. Wirtschaftliches Bauen käme auch der lokalen Bevölkerung zugute, die durch bautechnische Ausbildung gefördert werden könnte. Das Projekt Presence in Hormuz 02, Majara Residence liefert eine positive Antwort auf diese Fragen. Die skulpturale Komposition aus organisch geformten Baukörpern und die fröhliche Farbgebung sind respektvolle Verweise auf die natürliche Schönheit der iranischen Insel Hormus, die für ihre markante und farbenfrohe Landschaft bekannt ist. Der von einer öffentlich-privaten Partnerschaft in Auftrag gegebene Komplex besteht aus zahlreichen kleinen Kuppeln, einem in der Region bekannten architektonischen Motiv. Er wurde aus Stampflehm und Sand in der von dem Architekten Nader Khalili erfundenen innovativen Superadobe-Technik errichtet, einer Lehmbauweise, bei der mit feuchter Erde gefüllte Säcke oder lange Gewebeschläuche aufeinandergeschichtet werden.
Solche Lehmbauten, vor allem kleinere, können selbst von ungelernten Arbeitern errichtet werden, sind jedoch langlebig und halten sogar Erdbeben stand. Aufgrund der geringen Gebäudegröße

ZAV ARCHITECTS

Der architektonische Ansatz von ZAV Architects in Teheran ist komplex und aufschlussreich. Mit dem Schwerpunkt auf Wohnarchitektur stützt er sich auf traditionelle Techniken und sucht nachhaltige Lösungen. Das Ziel ist, »vorhandene und vergessene Ressourcen wiederzuentdecken«. Die ursprünglichen, oft sehr einfachen und vor allem lokal verfügbaren Materialien werden auf neue Weise eingesetzt, um anpassungsfähige Räume zu bauen. Man widmet sich Material- und Bauexperimenten und ist bestrebt, ausgeklügelte Konzepte zu entwickeln, die sowohl umweltfreundlich als auch wirtschaftlich sind. »Wandel und Innovation«, unterstreicht das Team, seien die Aufgabe der heutigen Architektur.

Presence in Hormuz 02, Majara Residence, Iran 2020

Rückgriff auf lokale Ressourcen

konnten auch in Hormus örtliche Handwerker die Bauten manuell errichten. Die Kuppeln haben eine »körnige Struktur von der Mikro- bis zur Makroebene«. »Sandkörner füllen die Säcke, aus denen die Kuppeln bestehen. Diese wiederum sind räumlich angeordnete Elemente, aus denen der Komplex besteht.« Die Gesamtheit der aus natürlichen Materialien gebauten Kuppeln wirkt sehr taktil. Die körnigen Erhebungen erinnern an die Landschaft der Insel selbst. Die Farben, mit denen die Strukturen geschmückt sind, heben ihre Formen hervor und verweben das Ensemble mit seiner Umgebung. Die organische Form der Kuppeln und des Komplexes insgesamt ist zweifellos ein weiteres Mittel, Architektur und Landschaft zu verbinden. Im Mittelpunkt des Projekts standen die Unterstützung der lokalen Gemeinschaft und die Verwendung von lokalen, leicht verfügbaren Materialien, sodass weder Importe noch lange Transportwege erforderlich waren – ein Beispiel für nachhaltige Architektur, die lokale Arbeitskräfte und natürliche Ressourcen nutzt und die Bauten bezahlbar macht.

Naturvillan

»Wir bieten die Möglichkeit, in einer umweltfreundlichen Umgebung in Harmonie mit einem geschützten Garten zu leben.«

Trotz seines auffälligen Erscheinungsbilds fügt sich dieses geräumige, A-förmig geschnittene Wohnhaus wie ein riesiges Zelt mit komplexem Innenraum in die Waldlandschaft am Vänernsee ein. Die natürlichen Farben der Baumaterialien und seine Klimahülle sorgen für eine harmonische Verschmelzung, sodass die Architektur nicht die Landschaft dominiert und die klimagerechte Villa von natürlichem Licht durchflutet wird. Der Wohnkern aus Holz ist in ein Gewächshaus eingebettet, die Glashülle filtert und sammelt das Sonnenlicht, in den schrägen Dachflächen sind Sonnenkollektoren integriert. Die herrlich hohe Decke überspannt einen einzigartigen, geschützten Raum, der einen – halb im Freien lebend – die Aussicht auf die Natur genießen lässt. Optisch ist das Haus ein faszinierendes Spiel von massiv und transparent, offen und geschlossen. Funktional gesehen führt dieses Design einen neuen Wohnraumtyp ein, bei dem innen und außen miteinander verwoben sind wie ein Wohnbereich mit seinem Garten. Die Bewässerung der Pflanzen und kleinen Gewächshausbeete erfolgt automatisch. Die bei der Abwasserreinigung gewonnenen Nährstoffe werden in einem Ökokreislauf an die Gartenbepflanzung zurückgegeben, die wiederum die Luft reinigt, sodass ein besonders gesundes Wohnumfeld entsteht.

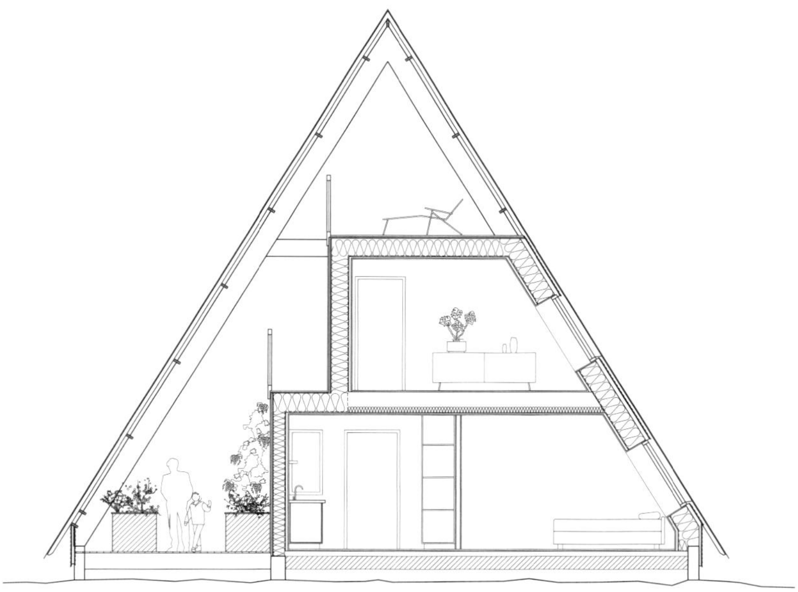

Villa Atri, Brålanda, Schweden, 2021

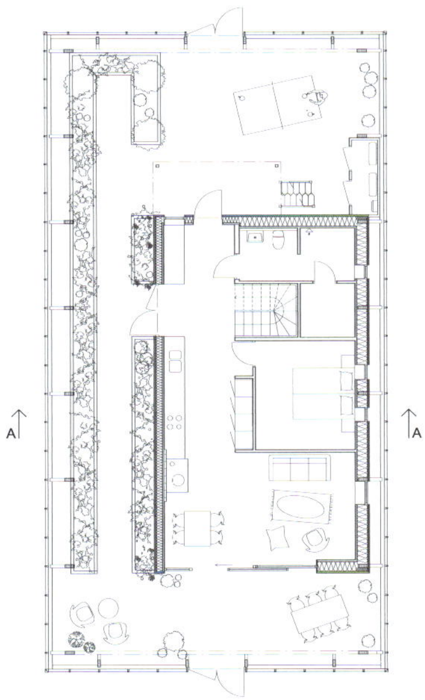

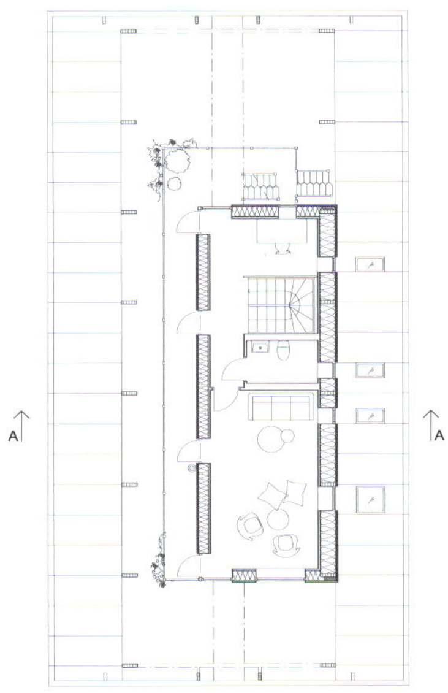

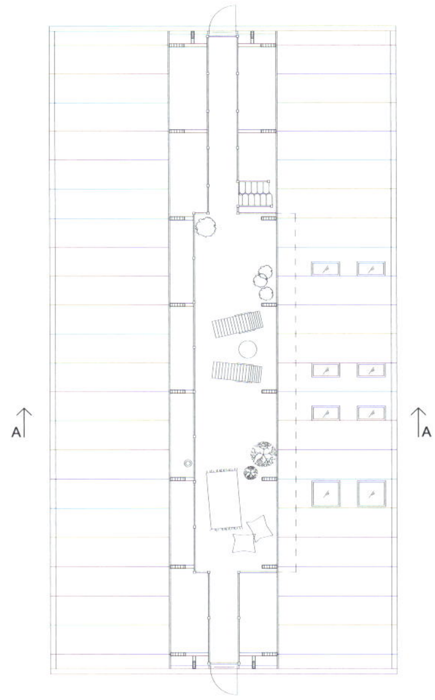

Ein durch und durch ökologisches Haus

Die Designer Anders Solvarm und Niklas Dahlström haben ihre Arbeit darauf ausgerichtet, das ultimative nachhaltige Haus zu entwerfen. Sie setzen auf energieeffiziente Lösungen und ökologische Materialien, vor allem Naturholz, und umgeben ihre Naturhäuser mit Klimahüllen. Atri ist einer der Villentypen im Portfolio des Studios (die sich zwar in der Größe unterscheiden, aber alle seinen Hauptprinzipien entsprechen). Als autarkes Bauwerk kann das Haus netzunabhängig aufgestellt werden, um von der umgebenden Natur zu profitieren, ohne ihr Schaden zuzufügen. Ein Brunnen auf dem Grundstück versorgt die Bewohner:innen mit Trinkwasser, aber das Haus verfügt über eigene Systeme für Heizung und Stromversorgung. Im Sommer wird der Strom durch Solarzellen erzeugt, die die Batterie speisen, im Winter werden Wärme und Warmwasser durch einen Holzkessel mit Kochstelle bereitgestellt. Diese hochtechnischen, die Autarkie des Hauses sichernden Lösungen sind das Ergebnis jahrelanger Experimente und Entwicklungen. Ein weiterer großer Vorteil dieses Konzepts ist seine Modularität. Die Struktur kann je nach den Bedürfnissen der Bewohnenden erweitert oder angepasst werden. Die Innenräume sind auf Komfort ausgerichtet – der geräumige Eingangsflur auf der unteren Ebene führt zu den Wohnbereichen mit einer großen Küche und einem Essbereich. Die privateren Bereiche, einschließlich der meisten Schlafzimmer, befinden sich auf der oberen Ebene und sind über Treppen leicht erreichbar.

NATURVILLAN

Das schwedische Unternehmen Naturvillan wurde mit dem ehrgeizigen Ziel gegründet, Häuser mit einem minimalen ökologischen Fußabdruck zu entwerfen. Seine Gebäude sind effektiv anders als gewohnt; sie sind Kombinationen aus Klimahülle und Wohnhaus, die »ansprechende Möglichkeiten für eine einzigartige Symbiose aus gutem Wohnen und Pflanzenanbau« bieten. Die Gründungspartner Anders Solvarm und Niklas Dahlström haben sich die Aufgabe gestellt, eine komplexe, umweltfreundliche Wohnlösung zu schaffen. Solvarm, der sein umfangreiches Wissen über nachhaltige Gebäude, Gewächshäuser und ökologische Kreislaufsysteme einbringt, wohnt selbst in einem Naturhaus. Dahlström ist Spezialist für ökologische Architektur und Gebäudetechnik sowie Qualitäts- und Sicherheitsmanagement bei Gewächshäusern.

Villa Atri, Brålanda, Schweden, 2021

rundzwei Architekten

»Für uns beginnt nachhaltige Architektur mit dem Konzept. Sie sollte sich nicht ausschließlich auf nachträgliche kostspielige technische Lösungen verlassen.«

In der Überzeugung, dass ein gutes Designkonzept gut entwickelt und kohärent sein muss, setzt das Studio rundzwei gerne Ideen um, die in Bezug auf Formen und Materialien alles andere als konventionell sind. Dahinter steht die Motivation, die Nachhaltigkeit nicht nur in die technische Peripherie, sondern ins Konzept selbst einzubringen. Deutlich erkennbar ist diese Philosophie im Korkenzieherhaus, einem äußerst originellen Einfamilienhaus in Berlin. Der dynamisch geformte Baukörper nutzt das Grundstück optimal aus und kündigt schon die verblüffende Konfiguration des Innenraums an. Es beginnt mit der transparenten Hülle des Erdgeschosses: Sie erzeugt die Illusion von Wänden, die der Schwerkraft trotzen. Die Split-Level-Bauweise schafft fließende Beziehungen zwischen den Räumen, die jeweils eine direkte Verbindung nach außen haben. Ihre Anordnung basiert auf einem quadratischen Grundriss mit zentraler Treppe, die sämtliche auf mehreren Ebenen gelegene Räume verbindet und über ein sternförmiges Oberlicht vom Tageslicht erhellt wird. Das Haus erhebt sich über einem halb eingesenkten Wohn- und Essbereich, für dessen Wände die Architekten Stampflehm verwendeten. Auch das Schlafzimmer wird von Lehmwänden umschlossen. Es öffnet sich auf einen privaten, vom Nachbarhaus nicht einsehbaren Außenpool, in dem man unbeobachtet baden kann. Der Wohnbereich setzt sich im Erdgeschoss fort, während in den oberen Stockwerken eine Bibliothek und Arbeitsräume teilweise miteinander verbunden sind, sodass ein kleines Studio-Apartment entsteht.

RUNDZWEI ARCHITEKTEN

Andreas Reeg und Marc Dufour-Feronce gründeten in Berlin ihr Büro rundzwei Architekten, um hochwertige und charaktervolle Architektur zu entwerfen. Architektur- und Ingenieurwissen fließen in eine Vielzahl von Projekten ein, die von einzelnen Bauten über Stadtplanung und Innenräume bis hin zu Produktdesign reichen. Die unverwechselbaren Entwürfe basieren auf ganzheitlichen Visionen, die Raum, Material, Ressourcen, lokale Geschichte und die umgebende Natur miteinbeziehen. Das Büro legt besonderen Wert auf Nachhaltigkeit, die es bei seinen Designkonzepten durch architektonische Lösungen zur Reduzierung des Energieverbrauchs und der Wärmeentwicklung erreicht. Hinzu kommt die sorgfältige Auswahl von nachhaltigen Materialien wie Holz, Kork und Stampflehm, die auf faszinierende Art eingesetzt werden.

Nachhaltige Wand- und Fassadenkonstruktion

Die Konstruktion besteht zur Gänze aus Holz, zur Verkleidung der vielfältigen Außenwände dient Kork – ein auffälliges Material mit hervorragenden Dämmeigenschaften. Das für die Fassadenplatten verwendete Korkgranulat ist ein Abfallprodukt der Flaschenkorkenproduktion. »Die Platten werden unter Druck und Zufuhr von Wärme hergestellt, dadurch wird das Korkharz freigesetzt, das das Granulat zusammenhält.« Und: »Keine Zusatzstoffe, keine Klebstoffe, alles natürlich und von sich aus witterungs- und schimmelresistent.« Auch die Innenwände sind durch feuchtigkeitsabsorbierende Materialien geschützt wie Holz- und Gipskartonplatten mit atmungsaktiven Beschichtungen. Dieser Mix aus nachhaltigen Materialien sorgt für eine gesunde und haptisch ansprechende Atmosphäre. Energietechnisch ist das Korkenzieherhaus nahezu autark. Die Wärmeversorgung durch Solarthermie wird durch eine innovative Heizung ergänzt, die die Wärme eines Kamins, thermisch aktive Fußböden, ein Gas-Wiederverwendungs-Heizaggregat und in das markant geformte Dach integrierte PV-Anlagen nutzt. Mit diesem komplexen, auf natürlichen Materialien, Passivmaßnahmen und fortschrittlichen Technologien basierenden Konzept entstand ein umweltfreundliches Einfamilienhaus, das alles andere als gewöhnlich ist.

Korkenzieherhaus, Berlin, Deutschland, 2016

Alventosa Morell Arquitectes Joan j. Fortuny Arquitecte

»Das Ergebnis dieses Prozesses ist ein NZEB-Gebäude mit einem Verbrauch, der praktisch bei null liegt. Es wurde mithilfe eines lokalen Wirtschaftsmodells, passiver Strategien und gesunder Materialien entwickelt.«

Alventosa Morell Arquitectes und Joan j. Fortuny Arquitecte widmen ihre gemeinsame Arbeit der Entwicklung von Sozialwohnungen mit passiven und energieeffizienten Systemen sowie der Verwendung gesunder und umgewidmeter Materialien im Sinne des Kreislaufprinzips. Bei ihrem gemeinsamen Projekt, dem Bau von 54 Sozialwohnungen in Inca auf der Baleareninsel Mallorca, verfolgen sie das ehrgeizige Ziel, neue Standards zu setzen, die der Wohnungsnot und der Klimakrise Rechnung tragen. Die Wohnanlage fügt sich gut in den städtischen Kontext ein und füllt das Grundstück perfekt aus, da sie aus zwei durch einen öffentlichen Raum getrennten Baukörpern besteht. Die 54 Wohneinheiten verteilen sich auf drei Stockwerke mit jeweils 18 Wohnungen. Die Anordnung der Tages- und Nachtbereiche sowie die verschiedenen Wohnungstypen auf den einzelnen Etagen wurden durch Faktoren wie Ausrichtung zu Sonne und Wind, Privatsphäre und Aussicht mitbestimmt. Wichtig war auch, die Wohnungen mit großzügigen Außenbereichen auszustatten – kleine Privatgärten im Erdgeschoss, Terrassen und Patios in den Obergeschossen –, um die überschüssige Sommerhitze durch passive Strategien zu regulieren und die Querlüftung der Gebäude zu unterstützen. Erreicht wird dies durch gemeinschaftliche aerothermische Systeme zur Wärmerückgewinnung, die die Luft temperieren und bei äußerst niedrigem Energieverbrauch eine hohe Leistung erbringen.

54 Sozialwohnungen, Inca, Mallorca, Spanien, 2023

Ein sehr effizientes Gebäude (NZEB = nearly zero-energy building)

Der Schlüsselaspekt des Entwurfsprozesses war die Wahl der Materialien, von denen die meisten vom lokalen Handwerk oder der örtlichen Industrie der Insel entwickelt wurden (die restlichen wählte man aufgrund ihres geringen CO_2-Fußabdrucks aus), alles im Sinne einer maximalen Kreisläufigkeit. Für die Struktur wurde ein System aus gitterförmigen Betonplatten (sie verbrauchen weniger Material, haben weniger Gewicht und bestehen hier teilweise aus recycelten Abfällen) mit großen Spannweiten und Metallpfosten verwendet. Diese Lösung verkürzt die Bauzeit und erlaubt durch ihre Flexibilität, das System später für andere Zwecke umzugestalten. Die Fassade des Gebäudes besteht aus einer doppelten Keramikplatte mit einer Isolierung aus recycelter Baumwolle, die Außendämmung aus recyceltem Kork und lokalem Naturkalk. Von örtlichen Handwerkern hergestellt, sorgt ein beeindruckendes System von Fensterläden aus zertifiziertem Lärchenholz für eine perfekte Beschattung der Fenster und der Außenbereiche. In den Innenräumen wurden die Keramikwände direkt mit Kalkfarbe gestrichen, um die Wohnungen hygroskopisch zu machen und damit vor Feuchtigkeit zu schützen. Ein weiteres recyceltes Material wurde für die Dächer verwendet, nämlich durch Stadtschürfung gewonnener Kies. Zusammenfassend kann man sagen, dass die Passivmaßnahmen, die Querlüftung, der Sonnenschutz, die große Wärmeträgheit und die hygroskopischen Materialien zur Regulierung der Feuchtigkeit erfolgreich integriert wurden. Das Gebäude ist so konzipiert, dass es in den Wintermonaten ein Maximum an Sonnenenergie aufnimmt und im Sommer von der Belüftung durch die Außenbereiche profitiert. Darüber hinaus verbesserten Alventosa Morell die Energieeffizienz des Gebäudes durch ein aerothermisches System und PV-Module auf den Dächern.

ALVENTOSA MORELL ARQUITECTES

Alventosa Morell Arquitectes ist ein Architekturbüro mit Sitz in Barcelona, das 2010 von Marc Alventosa Zaidin und Xavier Morell Jané gegründet wurde. Ihr Büro arbeitet in verschiedenen Größenordnungen und hat sich zum Ziel gesetzt, Designlösungen anzubieten, die qualitativ hochwertige Räume garantieren und gleichzeitig sozial, wirtschaftlich und ökologisch verantwortbar sind. In ihrer Arbeit spezialisieren sich die Architekten auf bioklimatisches Design, um effiziente Gebäude zu schaffen, die erhebliche Energieeinsparungen erzielen und die mit dem Bau verbundenen CO_2-Emissionen reduzieren.

JOAN J. FORTUNY ARQUITECTE

Joan j. Fortuny Arquitecte wurde 2010 von Joan j. Fortuny Giró in Barcelona gegründet und 2016 in Palma auf Mallorca eröffnet. Das Studio besteht aus einem multidisziplinären Team, das an verschiedenen Architektur- und Stadtentwicklungsprojekten arbeitet, darunter öffentliche Wettbewerbe und private Aufträge. Das Ziel des Studios ist eine Architektur, die auf der Grundlage eines lokalen Wirtschafts- und Traditionsmodells entwickelt wird und sich auf die Forschung im Bereich des nachhaltigen Bauens konzentriert, mit dem Ziel der Dekarbonisierung des Bauwesens und eines nahezu vollständigen Nullverbrauchs sowie der Kreislaufwirtschaft bei der Stadtentwicklung in den Städten des Mittelmeerraums. Joan j. Fortuny lehrt an der Universitat de les Illes Balears (UIB) im Fach nachhaltiges Bauen.

Atelier Kaiser Shen

»Das Haus Hoinka wurde als kleines Musterhaus entworfen. Jetzt gilt es, die aus dieser einfachen und nachhaltigen Bauweise gewonnenen Erkenntnisse auf größere Bauprojekte zu übertragen.« **Florian Kaiser**

Florian Kaiser und Guobin Shen hatten den architektonischen Ehrgeiz, anstatt eines fertigen und kompletten Hauses eines zu entwerfen, das sich im Lauf der Zeit mit seinen Bewohner:innen flexibel weiterentwickeln kann. Ein weiteres Ziel war, das Gebäude mit möglichst vielen erneuerbaren und natürlichen Rohstoffen zu bauen, die sich leicht in den natürlichen Kreislauf zurückführen lassen. In einem malerischen alten Dorf nahe Heilbronn gelegen, fällt das Haus Hoinka inmitten einer gewachsenen Bauumgebung durch seine markante Form auf. Die Grundlage des innovativen Projekts sind Strohballen. Sie wurden mit Lehmputz kombiniert, um eine effiziente thermische Hülle für Boden, Decke, Dach und Wände zu schaffen. Diese aus dem 19. Jahrhundert stammende Technik, eine umweltfreundliche Alternative zu herkömmlichen Dämmstoffen, bietet in Bezug auf Nachhaltigkeit zahlreiche Vorteile. Stroh ist erneuer- und recycelbar, kann vor Ort gewonnen und ohne komplizierte Verfahren manuell verbaut werden (die Strohballen werden einfach in eine Holzkonstruktion gepresst). Da alle strukturellen Elemente des Hauses, also Fassaden, Dach und Boden, in dieser Bauweise realisiert wurden, setzte man es zum Schutz gegen Wasser auf ein Betonkreuz und vier Stützen, sodass in Anlehnung an die teilweise hölzernen Häuser der Umgebung eine auskragende Holzkonstruktion auf einem Steinsockel entstand.

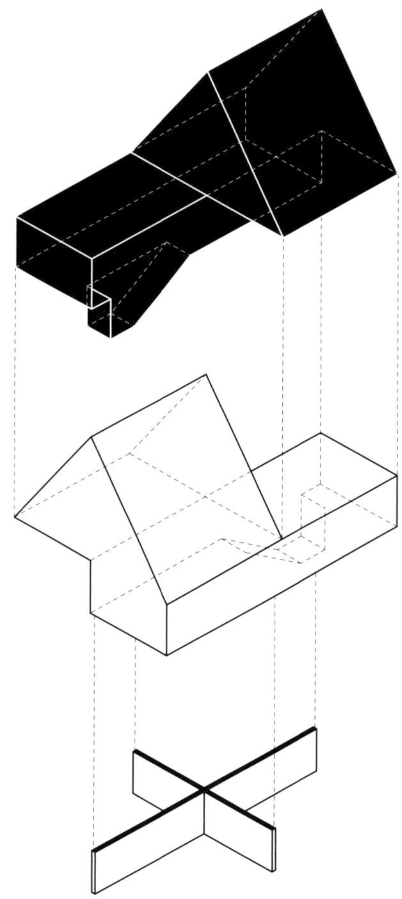

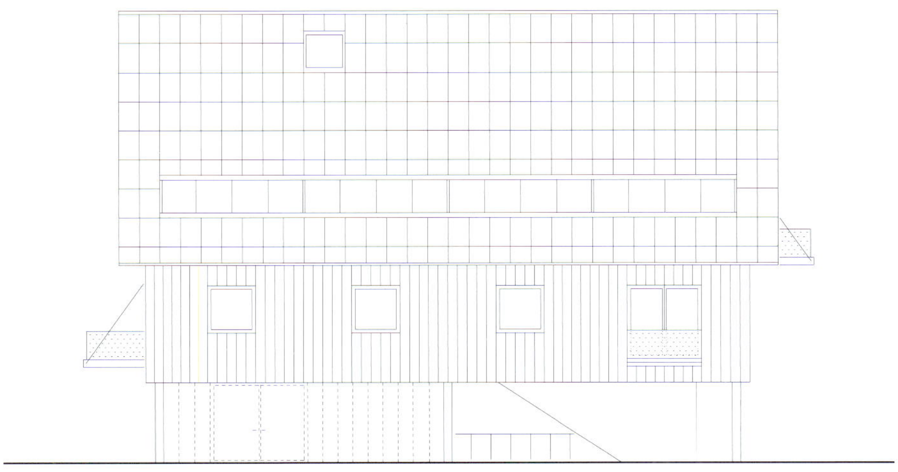

Strohballenhaus (Haus Hoinka), Pfaffenhofen, Heilbronn, Deutschland, 2023

Zukunftsorientiertes Design schöpft aus Traditionen.

Die angenehm mit Holz ausgekleideten Innenräume wurden nach einem sehr originellen Prinzip gestaltet. »Die räumliche Gestaltung des Hauses basiert auf einer klaren Tragstruktur mit Räumen ohne Ausstattung, deren Nutzung sich ohne große bauliche Eingriffe ändern lässt«, erläutert Florian Kaiser. Jedes Wohngeschoss umfasst acht nahezu identische, quadratische Räume, die man (die Serviceräume ausgenommen) während der Nutzungsdauer des Gebäudes leicht umfunktionieren kann. Für die aufgrund sich wandelnder familiärer Verhältnisse erforderlichen Änderungen sind keine größeren baulichen Maßnahmen nötig. Der seit kurzer Zeit im Haus wohnende Bauherr plant schon jetzt, im Erdgeschoss eine Einliegerwohnung einzurichten. Auch Anbauten wie ein Gästezimmer oder eine Werkstatt sind möglich, sodass die Bewohner:innen ihren Lebensraum im Lauf der Zeit umgestalten können. Durch diese Nutzungsflexibilität entstand ein langlebiges Haus, das sich mit seinen Bewohner:innen und ihren Bedürfnissen weiterentwickelt. Das Gebäude wird hauptsächlich mit erneuerbaren Energien betrieben: Als Stromquelle dienen integrierte Solarzellen, hinzu kommt eine Wärmepumpe, die auch zur Kühlung genutzt werden kann.

ATELIER KAISER SHEN

Florian Kaiser und Guobin Shen (1984–2024) gründeten 2017 ihr Stuttgarter Büro. Beide hatten zuvor Erfahrungen in verschiedenen Architekturbüros gesammelt, unter anderem bei Herzog & de Meuron. Die beiden jungen Architekten machten sich schnell einen Namen und erhielten zahlreiche Auszeichnungen. Während ihrer Arbeit in verschiedenen Größenordnungen setzten sie in ihren Projekten viele auffallende und innovative Lösungen ein, wobei sie sich auf erneuerbare Ressourcen, flexibles Design und natürliche Materialien konzentrierten. In ihrem Buch *Unfertige Häuser* befassen sie sich mit der Entwicklung von Gebäuden während ihrer Nutzungsdauer und zukunftssicheren räumlichen Lösungen. Nach Shens frühem und tragischem Tod führt Kaiser das Büro seit Juni 2024 mit der Unterstützung seiner Mitarbeiter Kilian Juraschitz, Johannes Schreiner und Matthias Stauch weiter.

Strohballenhaus (Haus Hoinka), Pfaffenhofen, Heilbronn, Deutschland, 2023

HENN

AIB GmbH Architekten Ingenieure

»Unser Engagement für eine ökologisch und sozial nachhaltige Zukunft wird von der Überzeugung geleitet, dass Architektur ein aktiver Akteur des Wandels und ein Motor der Innovation sein kann.« HENN

Der CUBE ist Teil des umfangreichen Forschungsprogramms »C3 – Carbon Concrete Composite« des Bundesministeriums für Bildung und Forschung, das sich mit innovativen Baustoffen für nachhaltige Gebäude beschäftigt. Dabei sollen die Einsatzmöglichkeiten von Carbonbeton untersucht werden, der ein großes Potenzial hat, zu flexibleren und vor allem ressourcenschonenden Bauprozessen beizutragen. Durch die Umstellung von herkömmlichem Beton auf Carbonbeton könnten die CO_2-Emissionen beim Bauen um bis zu 50 Prozent reduziert werden. Der Beitrag von HENN ist das organisch geformte, 243 Quadratmeter große Gebäude CUBE, das als das erste zur Gänze aus Carbonbeton errichtete Gebäude der Welt gilt. Der experimentelle Bau beherbergt ein Labor sowie Veranstaltungsräume, die den intellektuellen Austausch fördern und den Zugang zur Forschung erleichtern sollen. Es wurde am Rand des Campus der Technischen Universität (TU) Dresden errichtet und zeichnet sich durch einen auffälligen, dynamisch gewundenen Baukörper aus. Möglich wird dies durch die einzigartigen Eigenschaften von Carbonbeton, der den Ressourcenverbrauch deutlich senkt und bis zu viermal leichter als Stahlbeton sein kann. Selbst wenn man dafür die Strukturquerschnitte dieses innovativen Materials reduziert, ist es noch viermal tragfähiger als herkömmlicher Stahlbeton. Zudem verursacht die wesentlich ressourcenschonendere Herstellung von Carbonbeton auch eine geringere Umweltbelastung.

CUBE, Technische Universität Dresden, Dresden, Deutschland, 2022

Die Umsetzung der Bautechnologien von morgen

HENN beschreibt seine Prozesse als kollaborativ, interdisziplinär und forschungsorientiert. Dieses Konzept wurde in Zusammenarbeit mit der AIB GmbH Architekten Ingenieure und mit Prof. Manfred Curbach und seinem Institut für Massivbau an der TU Dresden realisiert. Architektur, Material und Visualisierung wurden von HENN maßgeblich beeinflusst. »Der offene Entwurfsprozess ermöglichte die parallele Durchführung verschiedener technischer Tests und gestalterischer Forschungen und trug so zu einem gelungenen materialwissenschaftlichen Experiment und einem innovativen Architekturprojekt bei.« Einer der Vorzüge des Projekts ist zweifellos die Ästhetik. Dank seines geringen Gewichts lässt sich Carbonbeton flexibel formen. Formal zielte das Konzept von HENN darauf ab, den fließenden, textilen Charakter der Carbonfasern neu zu interpretieren. Decke und Wände bilden eine durchgehende, organisch anmutende und effektvoll gekrümmte Fläche. Der Entwurf suggeriert »eine zukünftige Architektur, in der umweltbewusstes Design mit formaler Freiheit und einem radikalen Überdenken wesentlicher architektonischer Elemente gepaart ist«, kommentiert das Studio. Das beliebte Material Beton mit all seinem minimalistischen und brutalistischen Charme wird in diesem Projekt auf eine andere Ebene gehoben und bekommt die Chance, ein Baustoff zu werden, der aus Verantwortung für die Zukunft eingesetzt wird.

HENN

Das internationale Architekturbüro HENN verfügt über mehr als 75 Jahre Erfahrung in der Gestaltung von Arbeitsräumen und Bauten für Wissenschaft, Gesundheit, Industrie und Kultur. Es wurde 1947 von Walter Henn in Dresden gegründet, 1979 eröffnete sein Sohn Gunter Henn ein Büro in München. Heute wird das interdisziplinäre Team aus Architekt:innen und Ingenieur:innen von Martin Henn und mehreren Partnern geleitet und unterhält Büros in Berlin, Peking und Shanghai. Die beiden Hauptziele sind, Typen zu überdenken und nachhaltiges Bauen voranzutreiben. Man will eine Architektur entwerfen, die bei der Nutzung Handlungsspielraum gibt und über die heutigen Bedürfnisse hinaus schon für die Möglichkeiten von morgen gedacht ist.

AIB GMBH ARCHITEKTEN INGENIEURE

Das deutsche Büro AIB GmbH Architekten Ingenieure mit Sitz in Bautzen hat sich auf der Grundlage umfassender Forschung und kontinuierlicher Entwicklung auf viele Bereiche spezialisiert, darunter Brandschutz, Energieeffizienz, Wärmedämmung und Carbonbeton. Es war Generalplaner des CUBE und hat den Bau des Gebäudes realisiert.

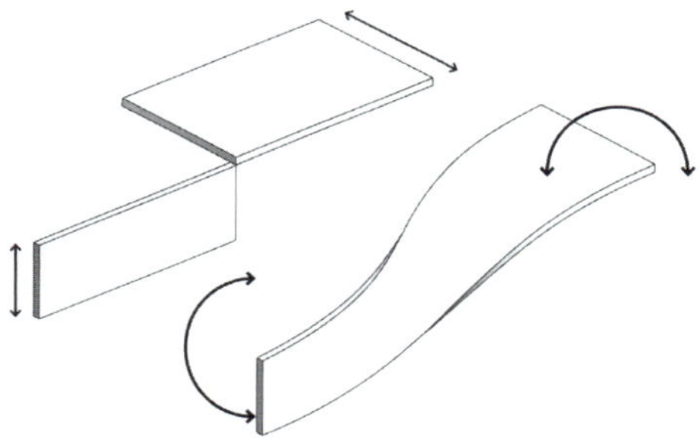

CUBE, Technische Universität Dresden, Dresden, Deutschland, 2022

Polysmiths

»Unsere Gebäude sprechen die Sinne an, indem sie natürliches Licht, Materialien, Geräusche und Gerüche sorgfältig berücksichtigen und bei jedem Besuch neue Eindrücke vermitteln.« **Charles Wu**

Das Cork House im Osten Londons ist eine ehrgeizige Antwort auf grundlegende Fragen. Die wichtigste war, wie man in einer Baulücke nachhaltig und umweltfreundlich bauen kann. Ein weiterer wichtiger Aspekt war, durch einen lang gestreckten Grundriss Licht zu führen und Innenhöfe zu integrieren. Nicht zuletzt ging es darum, für ein kostengünstiges Haus und seine nachhaltige und kohlenstoffarme Nutzung natürliche Materialien zu verwenden. Charles Wu, der Gründer von Polysmiths, setzte sich diese Aufgaben für sein eigenes Familienhaus auf einem brachliegenden Grundstück, das früher ein ungenutzter und schwer zugänglicher Hintergarten mit wenig Licht und ohne Ausblick war. Da das Haus während der Corona-Pandemie gebaut wurde, war der Architekt bei der Materialbeschaffung aufgrund zahlreicher Engpässe und rapide steigender Kosten mit vielen Hindernissen konfrontiert. Sie bewogen ihn, besser verfügbare, lokal verfügbare und bezahlbare Materialien zu verwenden, die sich zudem als umweltfreundlich erwiesen hatten. Auf diese Weise wurde das Projekt zu einer Art Experiment mit nachhaltigen, erneuerbaren und innovativ genutzten Materialien. Die Grundstruktur ist ein Holzrahmensystem mit Kalkputz. Zur Verkleidung der Außenhülle und im Inneren des Hauses wurden Korkplatten verwendet. Der Rückgriff auf dieses Material war von zentraler Bedeutung, da Kork zu einer effizienten Isolierung beiträgt, zusätzlich erhielt er eine Brandschutzimprägnierung.

Cork House, London, England, Großbritannien, 2022

Eine immersive Erfahrung

Die Wahl der Texturen und Farben führte zu einer komfortablen und angenehm mit dem Garten harmonierenden Ästhetik, die eine natürliche Atmosphäre schafft und in den Innenräumen des Split-Level-Hauses für eine multisensorische Erfahrung sorgt. Die örtlichen Beschränkungen der Gebäudehöhe führten zu der Entscheidung, den Baugrund abzusenken, was das Raumerlebnis zusätzlich verstärkt. Die Innenräume unterteilen sich in zwei Bereiche. Der vordere, vom Eingang aus leicht zugängliche Teil ist ein offener Wohnbereich, der die Küche, den Essbereich und eine Lounge umfasst. Um diesen Wohnbereich von den Privaträumen im hinteren Teil des Hauses zu trennen, wurden in der Mitte eine Treppe und ein Lichtschacht platziert.

Entscheidend bei diesem Projekt ist die Art und Weise, wie das Licht die natürlichen Materialien zur Geltung bringt, was durch geschickt platzierte Innenhöfe erreicht wurde. Der Haupthof ist von Falttüren umrahmt, die das Innere des Hauses mit einem ummauerten Garten verschmelzen und, offen wie geschlossen, eine großartige Tageslichtquelle darstellen. Ein weiterer Vorteil dieser Lösung ist die effiziente Querlüftung. Auch der Lichtschacht und die Oberlichter sowie die Fenster im Obergeschoss und ein Hohlraum in der hinteren Ecke des Hauses sorgen für eine wirksame Verteilung des Tageslichts auf dem gesamten Grundriss. Zu diesen wohl wichtigsten Lösungen kommen noch weitere passiv-nachhaltige Designstrategien wie die Ausrichtung der kürzeren Fassade nach Norden, die Absenkung eines Schlafzimmers zwecks zusätzlicher Kühlung und die nach innen versetzte Anordnung der Fenster der Südfassade zwecks zusätzlicher Verschattung.

Cork House, London, England, Großbritannien, 2022

POLYSMITHS

Charles Wu gründete 2019 sein Londoner Büro Polysmiths, nachdem er 15 Jahre lang mit Büros wie David Chipperfield Architects und Heatherwick Studio zusammengearbeitet hatte. Sein Portfolio mit Projekten, die in ganz Europa und in Hongkong realisiert wurden. umfasst verschiedene Typen, von Wohn- und Hotelneubauten bis hin zu Innenräumen. Polysmiths steht für »mehrere Handwerker«: Der Architekt greift bei seinen Projekten häufig auf Handwerksleistungen wie Steinmetz-, Metall- und Keramikarbeiten zurück. Die Räume sind im cineastischen Geist konzipiert: Der Architekt will »ein eindringliches Erlebnis ermöglichen, bei dem jeder Moment eine Geschichte erzählt«. Mit der Anordnung der Räume fördert er die Bewegung und bewirkt Empfindungen.

DIE NEUE DIMENSION DER INNOVATION

Wenn in der Architektur von Innovation die Rede ist, geht es in der Regel um hochmodernes, technologieorientiertes Design – zweifellos ein wichtiger Aspekt zeitgenössischer Architekturarbeit, aber nicht der einzige. Visionäre Büros nähern sich der Innovation auf vielfältige Art. Fortgeschrittene Technologien und Hightechlösungen werden auf neue Weise eingesetzt. Als typisches Beispiel könnten die Solarzellen dienen, die Teil der Gebäudestruktur werden. In der folgenden Auswahl werden effektiv intelligente Gebäude vorgestellt, doch die Innovation reicht heute viel weiter. Die Architektur tendiert zu einem neuen und ganzheitlichen Ansatz, der nicht zu einzelnen Beispielen, sondern zu einem systematischen Wandel führt. Auf der Suche nach Lösungen für die Bedürfnisse einer sich wandelnden Welt mit ihren neuen Lebensformen und den durch beunruhigende Klimaveränderungen entstehenden Problemen hat die Architektur bahnbrechende, wenn auch manchmal experimentelle Projekte entwickelt. Bei einigen handelt es sich um demontierbare Strukturen mit verlängerter Lebensdauer, was oft durch leicht veränderbare Raumkonfigurationen erreicht wird, sodass sich die Gebäude rasch an neue Bedürfnisse anpassen lassen. Bei anderen geht es um Entwürfe, die als Reaktion auf zerstörerische Klimakatastrophen entstanden sind oder als Antwort auf irreversible Veränderungen wie steigende Wasserstände. Ein weiterer wichtiger Bereich sind Innovationen, die Gebäude umwelt- und nutzerfreundlicher machen. Und nicht zuletzt hat man erkannt, dass bei jedem Entwurf der Kontext zu berücksichtigen ist. Lösungen für die Umsetzung nachhaltiger Architektur gibt es schon lange – nur das Umdenken braucht mehr Zeit als erwartet. Die im folgenden Kapitel vorgestellten Studios beleben die Diskussion durch die überzeugenden Ergebnisse ihrer komplexen und innovativen Realisationen.

Bjarke Ingels Group Heatherwick Studio

»Ein Campus, bei dem Front- und Rückfassade, Technologie und Architektur sowie Form und Funktion zu einem neuartigen und spektakulären Hybridwesen verschmolzen sind.« Bjarke Ingels

Zwei innovative und zukunftsorientierte Architekturbüros haben sich zusammengetan, um Bay View zu entwerfen, den ersten von Grund auf für Google konzipierten Campus, der bereits 2030 ausschließlich mit nichtfossiler Energie funktionieren soll. Der im Silicon Valley gelegene Komplex umfasst drei Gebäude mit Arbeitsräumen und ein Veranstaltungszentrum. Sie sind mit einer schuppenartigen, aus nicht weniger als 50 000 Solarmodulen bestehenden Dachfläche bedeckt. Diese Lösung zeichnet sich nicht nur durch ihr geringes Gewicht aus, sondern ermöglicht auch weite offene Räume ohne zusätzliche, den Boden verstellende Säulen oder Stützmauern. Auf der unteren Ebene sieht die Planung Besprechungsräume vor, auf der oberen Schreibtische und Teamräume mit gestuften Plattformen. Die dadurch erhöhte Flexibilität gestattet es, einem sich plötzlich ändernden Bedarf an Büroräumen Rechnung zu tragen. Die beiden Ebenen sind durch eine Reihe von innenhofartigen Plattformen verbunden. Die dadurch erleichterte Zirkulation von Personen entspricht Googles Philosophie der offenen Zusammenarbeit, wie man bei Heatherwick Studio anmerkt. Ziel ist es, allen Beschäftigten einen Blick über die Bodenfläche und durch die weiten Fenster nach draußen zu geben. »Die auf den Gebäuden angebrachte Überdachung ist das Ergebnis mehrjähriger Bemühungen, die funktionalste, energieeffizienteste und wirtschaftlichste Baulösung zu erzielen«, erklären die Fachleute von BIG. Weitere Vorteile dieses innovativen Baus sind der optimale Schallschutz, die Minimierung des Aufheizeffekts, die maximale photovoltaische Nutzung der Sonnenenergie und die Senkung der Gesamtenergielast – all das dank einer speziellen Stahlrohrkonstruktion mit zwischen den Dachpartien angeordneten Oberlichtern. Sie erhellen die Arbeitsräume mit Tageslicht, gleichzeitig reduzieren sie von der Sonneneinstrahlung verursachte Spiegelungen und Blendlicht.

Google Bay View, Mountain View, Kalifornien, USA, 2022

Zielvorgabe für 2030: kohlenstofffreie Energie 24 Stunden am Tag, sieben Tage die Woche

Nicht anders als der umsichtige Umgang mit den Wasserressourcen ist diese kühne Nutzung der Sonnenkraft das Ergebnis umfangreicher Forschungsarbeiten. Sie führten zu der bahnbrechenden Anlage, die das skulpturale Dach bedeckt. »Jede Dachfläche ist mit eigens für das Projekt entwickelten Solarmodulen verkleidet, die sich nahtlos an die angrenzenden Metallplatten fügen und Energie für die Stromversorgung des Campus liefern«, erklärt man bei Heatherwick Studio. Die Photovoltaikanlage ist für eine maximale Nutzung der Sonnenenergie ausgelegt. Im Fundament hingegen gewinnen und speichern Energiepfähle Wärme und Kälte aus dem Boden (der ausschließlich mit elektrischer Energie betriebene Campus besitzt das derzeit größte geothermische Pfahlsystem Nordamerikas). Selbst die großzügigen Grünflächen sind speziell dafür konzipiert, aus den Gebäuden stammendes Wasser zu filtern. Die ehrgeizige Idee ist, sämtliches Regen- und Abwasser zu sammeln, aufzubereiten und wiederzuverwenden, und das ohne Auswirkungen auf den Meeresspiegel oder die umgebende Natur. Der Entwurf ist Teil eines Projekts zum Schutz des Lebensraums und der bedrohten Tierwelt in der Bay Area. »Gemäß den drei von Google zu Beginn des Projekts in einem Designbriefing festgelegten Themen – Innovation, Natur und Gemeinschaft – wird das Design durch Flexibilität und außergewöhnliche Nutzerfahrungen zur Zusammenarbeit und Ko-Kreation anregen«, erklärt BIG, das hier als Alternative zum typischen mehrstöckigen Bürobau einen einladenden, inspirierenden, gut vernetzten und weitläufig angelegten Komplex schuf. Das höchst innovative Projekt zeugt von einem neuen Bewusstsein im Bürodesign in struktureller und materieller, aber auch ökologischer Hinsicht. Beide Aspekte ergänzen sich und sind hier kohärent miteinander verbunden.

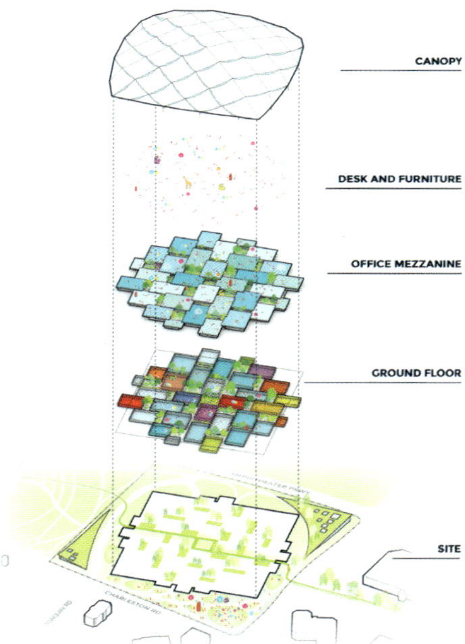

BJARKE INGELS GROUP

Mit seinen Büros in Kopenhagen, New York, London, Barcelona, Shenzhen, Los Angeles und Oslo hat das von Bjarke Ingels gegründete BIG-Studio Anerkennung für seine kühnen, innovativen und nachhaltigen Ideen gefunden, die aus sorgfältigen Untersuchungen sich ändernder Lebensstile, des globalen Austauschs und neuer Technologien resultieren. »Wir glauben, dass die Architektur zur Bewältigung der heutigen Herausforderungen mit Gewinn in ein weithin unerforschtes Gebiet vorstoßen kann«, erklärt das Studio, und »dass wir in der Architektur mithilfe einer fruchtbaren Überschneidung von Pragmatik und Utopie ein weiteres Mal die Freiheit finden, die Oberfläche unseres Planeten so zu verändern, dass sie sich für die heutigen Lebensformen besser eignet.«

HEATHERWICK STUDIO

Das von Thomas Heatherwick in London gegründete Heatherwick Studio hat es sich zur Aufgabe gemacht, »die uns umgebende physische Welt für alle zu verbessern«. Als Kombination von Designstudio und Arbeitsgemeinschaft betreut es eine breite Palette von Projekten, von Gegenständen über Gebäude bis hin zu Infrastrukturen. An Projekten mit positiven sozialen Auswirkungen beteiligt, löst es Probleme mit viel Einfühlungsvermögen durch einfallsreiche Strukturen und Objekte: »Als praktische Erfinder ohne eigenen Stil ist es unser Bestreben, gefühlvolle und interessante Stätten zu entwerfen, die die Komplexitäten der realen Welt aufgreifen und feiern.«

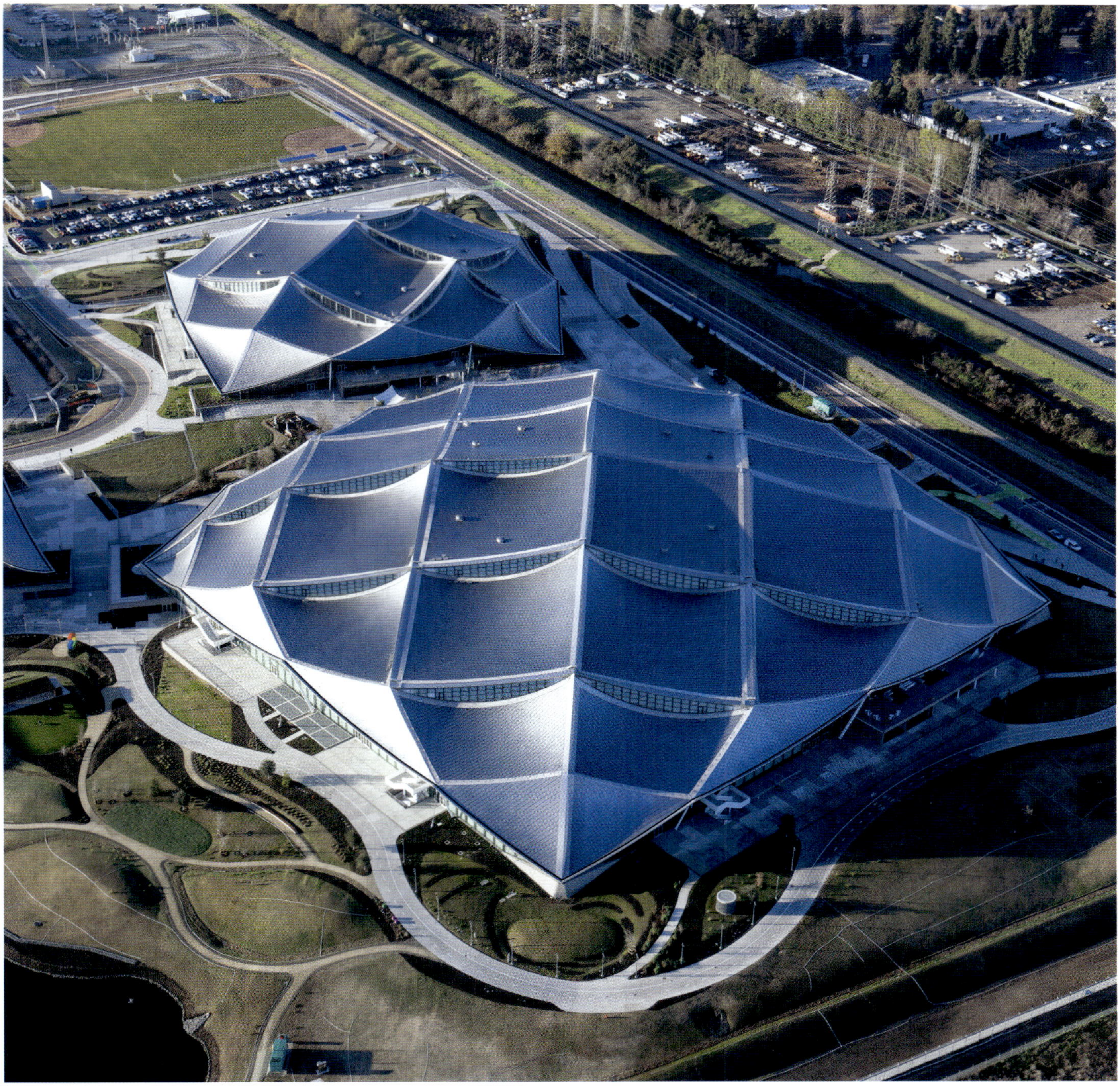
Google Bay View, Mountain View, Kalifornien, USA, 2022

Pekka Littow

»Majamaja soll zeigen, wie mit grüner Technologie kombinierte Kleinarchitektur als Kompensation für große Baukörper und zentralisierte netzgebundene Systeme dienen kann.«

Mit dem Ziel, den ökologischen Fußabdruck zu minimieren, entwarf der finnische Architekt Pekka Littow eine netzunabhängige Lösung für komfortable Hütten. Angeregt von den Bautraditionen der finnischen Schärenwelt und der Art und Weise, in der Mensch und Natur seit Jahrhunderten in völliger Harmonie koexistieren, konzipierte er eine innovative Lösung, die ohne Kabel und Rohre und ohne Eingriffe in die Landschaft auskommt. Im Mittelpunkt des Majamaja-Projekts stand die Nachhaltigkeit, deshalb wurde sein Fußabdruck mithilfe eines ganzheitlichen Ansatzes auf ein Mindestmaß reduziert. Da eine autonome Energie- und Wasserversorgung eine wesentliche Voraussetzung für das tägliche Leben darstellt, wurden die Hütten so konzipiert, dass sich Produktion und Verbrauch die Waage halten. Die Hütten funktionieren mit autarker Nutzung umweltfreundlicher Energie, Regenwassersammlung und -aufbereitung und einem geschlossenen Wasseraufbereitungssystem. All diese ausgeklügelten und patentierten technischen Lösungen, die einen netzunabhängigen Standort ermöglichen, sind umweltverträglich, mindern aber in keiner Weise den Komfort. Zurzeit umfasst das Projekt vier Hütten. Die Bauteile wurden in Frankreich vorgefertigt und vor Ort zusammengefügt, ohne dass schweres Gerät eingesetzt oder gar eine Zufahrtsstraße gebaut wurde. Sämtliche Elemente können problemlos

demontiert und an einem anderen Ort ohne Anschluss an vorhandene Infrastruktur wiederverwendet werden. Ein spezielles Klärsystem filtert Regenwasser und Meerwasser aus der Ostsee, den dafür erforderlichen Strom liefern die auf den Hüttendächern installierten Solarpaneele. Das Klärsystem reinigt auch Grauwasser, das sich dann als Gießwasser verwenden lässt. Zur Erzeugung des in Hochleistungsakkus speicherbaren Stroms tragen auch eine Windturbine und eine Brennstoffzelle bei.

Majamaja Village, Helsinki, Finnland, 2023

Der Respekt für die Umwelt optimiert das Erlebnis der Netzunabhängigkeit.

Die Suche nach dem besten Weg, die Ressourcen zu optimieren und den ökologischen Fußabdruck zu begrenzen, ging Hand in Hand mit der Funktionalität und der Ästhetik der Hütten, die aus natürlichen und gesunden Materialien gebaut wurden, vor allem aus zertifiziertem Holz lokaler Herkunft. Holz kommt auch im raffiniert geplanten Innenraum zur Anwendung, der seine volle Funktionalität durch eine Art Hängeboden unter dem Satteldach erhält, wo sich der Schlafbereich befindet. Unter ihm liegen ein Technikraum und eine in das Wohnzimmer im Erdgeschoss integrierte Kompaktküche. Die zahlreichen Klappmöbel sorgen für weitgehende Flexibilität. Im Erdgeschoss befinden sich auch die Trockentoilette (mit Kompostierfunktion zwecks Herstellung von Dünger) und eine Dusche.
Eine zum Schutz des Fassadenfensters hochgeklappte Plattform lässt sich herunterlassen wie eine Zugbrücke, sodass eine kleine Terrasse entsteht. Dadurch öffnet sich sozusagen ein das Innere mit der umgebenden Natur verbindendes Tor, das für den Eindruck sorgt, man befinde sich inmitten der Landschaft. Der minimalistische Ansatz führt zu einem sehr kompakten und dennoch funktionalen Innenraum und darüber hinaus zu einer zeitlosen Ästhetik, die durch die einfachen Formen des Mobiliars, die sich ergänzenden Naturtöne und das schwarz getönte Holz geprägt ist. Diese Kombination aus reinen Formen steht im Einklang mit der Energieeffizienz der Hütten und ihrer Verbindung zur Natur. Sie fügen sich diskret in ihre Umgebung ein und bieten trotzdem komfortable und gemütliche Räume.
Die Menschen haben die unschätzbare Möglichkeit, die Umgebung zu genießen, ohne ihre natürliche Schönheit zu beeinträchtigen. Littow plant, seine nachhaltige Lösung auch in anderen schwierigen Umgebungen einzusetzen.

Majamaja Village, Helsinki, Finnland, 2023

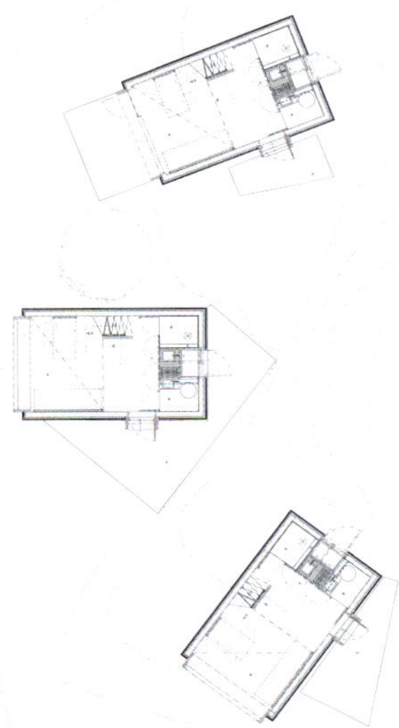

PEKKA LITTOW

Der finnische Architekt Pekka Littow konzentriert sich auf ressourcenoptimierte architektonische Entwürfe. Er arbeitet abwechselnd in Finnland und in seinem mit Sophie Cabanes gegründeten Pariser Büro Littow Architectes. Zu seinen Projekten zählen Wohnbauten und Geschäftsgebäude, aber auch Konferenz- und Ausstellungsräume sowie Möbeldesign. Nach dem Abschluss des Majamaja-Projekts beschäftigt sich Littow intensiv mit der Frage, wie sich das optimierte System für Produktion und Verbrauch von sauberer Energie und sauberem Wasser in größerem Maßstab nutzen lässt. »Das langfristige Ziel ist, diesen innovativen Ansatz zum Trend für alle zukünftigen Wohnlösungen zu machen«, erklärt der Architekt.

LAND arquitectos

»Das Projekt soll ein Maßstab für Landschulen in gefährdeten Gebieten Chiles sein. Mit seinem Design soll es die Qualität des Schulunterrichts in ländlichen, von Armut geprägten Gebieten beeinflussen, die noch dazu von Naturkatastrophen heimgesucht wurden.«

Im Sommer 2017 kam es zu einem der größten Waldbrände in der Geschichte Chiles. Besonders betroffen war der Süden Zentralchiles, insbesondere die Region Maule, wo dem Feuer ganze Ortschaften zum Opfer fielen. Zerstört wurde auch die Landschule in Ranchillos, eine öffentliche Schule für Kinder aus den Gemeinden der umliegenden Landgebiete. LAND arquitectos übernahm den durch eine öffentlich-private Zusammenarbeit finanzierten Wiederaufbau der für 20 Kinder ausgelegten Schule. Schüler:innen, Familien und Lehrer:innen sowie die Gemeinden wurden in den Entwurfsprozess miteinbezogen, da die Architektur das Lernen durch eine neue Umgebung erleichtern sollte, die sich einer gemeinsamen Anstrengung verdankt. »Die Anwendung von Strategien der Neuroarchitektur, wie z. B. die Vergrößerung der Quadratmeterzahl pro Lernendem, natürliches Licht von oben, angenehme Raumtemperaturen, Akustik und Farbgestaltung, ermöglichte es, die derzeit erforschten Grenzen zu verschieben«, so das Büro. Alle Maßnahmen wurden mit dem Ziel umgesetzt, ein Klima zu schaffen, das es erlaubt, Kinder sinnvoll zu unterrichten. Was die Ästhetik betrifft, so entschied man sich für eine Form, die auf dörfliche oder Bauernhäuser verweist, wie sie in den ländlichen Gebieten Chiles immer wieder zu sehen sind. Das Ergebnis ist eine neue Schule aus mehreren Pavillons mit jeweils eigenem Programm, die im Verbund einen Raum für soziale Interaktionen darstellen und dadurch zu einem perfekten Ort für die örtliche Gemeinschaft werden.

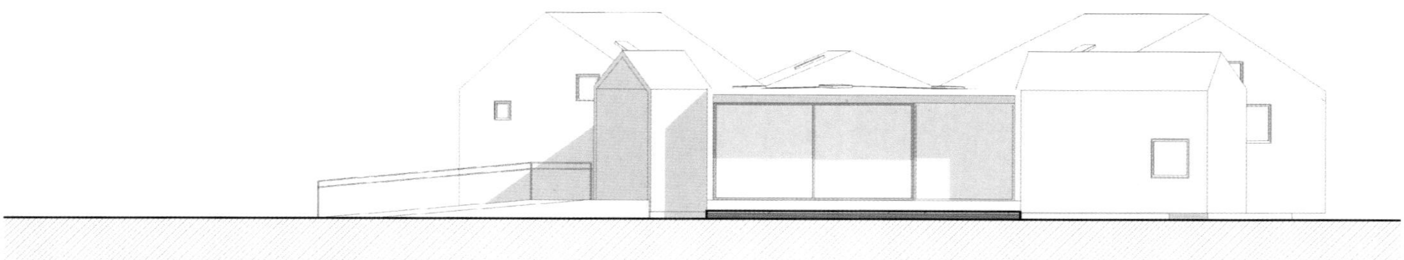

Landschule Ranchillos, Huerta de Maule, Chile, 2019

Ein Bekenntnis zur Beständigkeit

Die Konfiguration der Baukörper entspricht vier räumlich unabhängigen Programmen, die sich genau an die jeweiligen Bedürfnisse anpassen lassen. Der zentral gelegene und gemeinsam genutzte Mehrzweckraum dient als Treffpunkt für alle Schüler:innen. Als Baumaterial wurde Kiefernholz gewählt, das gemäß den Brandschutznormen für Bildungseinrichtungen beidseitig mit Gipskartonplatten bedeckt wurde. Als Verkleidung der Außenhaut dienen Geoclad-Aluzink-Paneele, die in einem Zufallsmuster gefaltet wurden. Die Verwendung verschiedener Farben symbolisiert das Konzept der spontanen Konstruktion. Die Blau- und Gelbtöne tragen dazu bei, dass sich das Gebäude optisch in die umgebende Landschaft einfügt. LAND arquitectos setzte bei dieser Notfallkonstruktion zahlreiche passive und nachhaltige Strategien ein, darunter belüftete Beläge bei Böden, Wänden und Decken sowie doppelte Raumhöhen und Oberlichter zur Optimierung des Tageslichteinfalls und der Belüftung. Zur Steigerung der thermischen Behaglichkeit wurden sämtliche Oberflächen doppelt isoliert. Zum Schutz gegen die Sonneneinstrahlung in schattenlosen Bereichen wurden Rollos installiert, die die Schüler:innen bei Bedarf selbst bedienen können. Auf dem Terrain der abgebrannten alten Schule wird Gemüse für die Schule angebaut, hinzu kommen ein Gewächshaus und ein Keller.

LAND ARQUITECTOS

Das chilenische Architekturbüro LAND arquitectos wurde 2007 von Ángela Delorenzo Arancibia und Cristóbal Valenzuela Haeussler gegründet. Das Team, das auf den Gebieten Architektur, Landschaftsarchitektur, Umwelt- und Stadtplanung tätig ist, setzt sich für verantwortungsvolle und innovative Designlösungen ein, um die Beziehung zwischen der bebauten und der natürlichen Umwelt zu verbessern. Sein Designprozess integriert ökologische und soziale Initiativen, um lokale Werte mit langfristiger Perspektive zu fördern und zu stärken. Die Projekte, die von speziellen bis hin zu stadtweiten Entwürfen reichen und verschiedene Variablen – ökologische, soziale und wirtschaftliche – berücksichtigen, werden so geplant, dass sie sich zeitgemäß anpassen lassen. Das Team glaubt an Veränderung und Innovation durch umweltgerechtes Design.

White Arkitekter

»Wir denken über langfristige soziale, ökologische und finanzielle Werte und Investitionsgewinne nach. Dadurch werden unser Projekt und unser Unternehmen nachhaltig – für Klient:innen, für uns, für die Gesellschaft und für den Planeten.«

Das schwedische Architekturbüro White Arkitekter ist bekannt für seine eindrucksvollen Visionen und mutigen Innovationen, die die Nachhaltigkeit in den Mittelpunkt der Projekte rücken. Ein Zehntel seines Teams und ein spezielles Labor widmen sich der Erforschung und Umsetzung von Nachhaltigkeit. Es gilt, Materialabfälle zu minimieren, Technologien intelligent einzusetzen und vor Ort produzierte oder aus anderen Gebäuden stammende Materialien wiederzuverwenden – ganz im Sinne der Kreislaufwirtschaft. Bei nachhaltiger Architektur geht es darum, gesunde Räume zu schaffen, in denen Menschen im Einklang mit dem Ökosystem leben können. Somit steht am Anfang jedes Projekts eine Nachhaltigkeitsanalyse.

Celsius, ein Büro- und Laborgebäude im Uppsala Science Park, gilt als Schwedens bestdigitalisiertes Bauprojekt. Das Büro nutzte die volle Leistungsfähigkeit digitaler Geräte, was dazu beitrug, Fehler und Abänderungen zu vermeiden. »Dass Celsius zeichnungslos entstand, bedeutet auch, dass bei Besprechungen VR-Brillen eingesetzt wurden und die Bauausführenden im Modell auf dem Tablet navigierten, anstatt es auf Papier zu betrachten«, erklärt das Büro und betont die Effizienz und Produktivität des eigenen Vorgehens. Diese innovative Lösung in der Entwurfsphase sparte Zeit, reduzierte den Abfall und ermöglichte präzise Materialschätzungen, was wiederum zu geringeren Kosten und mehr Nachhaltigkeit führte.

Forschungs- und Laborzentrum Celsius, Uppsala, Schweden, 2020

Nachhaltigkeit als wirtschaftlicher Aktivposten

Wirklich nachhaltig ist nur langlebige Architektur, deshalb wurde dafür gesorgt, dass Celsius durch seinen flexiblen, an neue Funktionen anpassbaren Rahmen lange Zeit nutzbar bleibt. Zu seinen umweltfreundlichen Neuerungen gehören auch Solarzellen. Um die visuelle Wirkung des Baus zu verstärken, wurden sie innovativ als Teil der Fassade eingesetzt. Im Sinne des Kreislaufprinzips sparen viele Vorrichtungen Energie und Wasser, so spülen z.B. die Toiletten mit Regenwasser. Das aus vorgefertigtem Beton errichtete Gebäude wurde so konzipiert, dass es zu seiner Umgebung passt. Durch seine Geometrie und den rostroten Farbton harmoniert es mit den anderen Gebäuden des Wissenschaftsparks. Der monolithische Charakter des Baus wird durch große, regelmäßig angeordnete Öffnungen durchbrochen, die das starre Betongitter dynamisieren. Das Gebäude umschließt einen Innenhof. Um es zu erhellen, kann das Tageslicht durch zahlreiche verglaste Wandelemente in die Räume eindringen. Der zentrale Innenhof dient als Gemeinschaftsraum und ist bis zum Dach mit mehrfarbigen Akustikplatten verkleidet. Sie unterstreichen seinen vertikalen Charakter und bewirken einen interessanten und lebhaften visuellen Effekt.

WHITE ARKITEKTER

»Unsere Mission ist, nachhaltiges Leben durch die Kunst der Architektur zu ermöglichen«, heißt es in der Erklärung des 1951 von Sidney White gegründeten Studios White Arkitekter. Heute ist das Unternehmen Eigentum von Gesellschaftern. Es beschäftigt sich mit nachhaltiger Architektur, Stadtplanung, Landschaftsgestaltung und Innenarchitektur. Für sein Team sind Vielfalt und interdisziplinäre Zusammenarbeit der Schlüssel zur Lösung der zahlreichen Herausforderungen unserer Zeit, in Bezug auf Design und Nachhaltigkeit setzt es auf einen ganzheitlichen Ansatz. Ziel des Studios ist, seine Architektur durch hervorragendes Design bis 2030 regenerativ und klimaneutral zu gestalten. Um dies zu erreichen, engagiert es sich mit seinem White Research Lab für Forschung und Entwicklung.

Forschungs- und Laborzentrum Celsius, Uppsala, Schweden, 2020

Space&Matter

»Für Orte, denen durch den Klimawandel und den Anstieg des Meeresspiegels Gefahr droht, stellt Wohnen auf dem Wasser eine großartige Lösung dar. Damit wird nicht nur der Mensch vor der Natur geschützt, sondern auch die Natur selbst.« **Sascha Glasl**

Initiatorin des Projekts war Frontfrau Marjan de Blok, die davon träumte, für sich und ihre Freunde einen energieneutralen und kreativen Lebensraum auf dem Wasser zu schaffen. Unter der Führung von Space&Matter arbeiteten die zukünftigen Bewohner:innen an der Optimierung ihres städtebaulichen Konzepts mit und entwarfen eine vereinheitlichende »Grundstücksakte« für eine Gemeinschaft aus schwimmenden Häusern unterschiedlicher Bauweise und einen intelligenten Pier, der sie mit der Infrastruktur verbindet. Zudem sollten, wie das Team betont, zwanglose Begegnungen zwischen den Bewohner:innen der einzelnen Häuser ermöglicht werden. Nach einer zehnjährigen Realisierungsphase präsentiert sich das nun fertiggestellte Viertel als eine vorbildliche, nachhaltig lebende und Lösungen für die Herausforderungen des Klimawandels nutzende Gemeinschaft. Der Umfang des Projekts ist beeindruckend: 46 Wohnungen und mehr als 100 Bewohner:innen in einer eng verbundenen und gut organisierten Nachbarschaft. Jedes der schwimmenden Häuser ist so positioniert, dass die Menschen einen freien Blick auf das Wasser und das übrige Viertel haben. Jedes einzelne Haus ist ein Unikat und wurde vom jeweiligen Haushalt mit architektonischer Unterstützung eigener Wahl entworfen (einige der Bauten von Space&Matter). Diese ästhetische Vielfalt lockert die Gedrängtheit vorteilhaft auf. Die aus Fertigbauteilen vor Ort montierten Häuser sind hell und geräumig, die Anordnung der Öffnungen sorgt für die Wahrung der Privatsphäre. Die Größe der Wohnungen reicht von 150 bis 378 Quadratmetern. Sie werden durch zahlreiche Außenbereiche wie Dachterrassen vergrößert, von denen die Bewohner:innen den Blick auf das Wasser genießen können. Die Stege zwischen den Häusern werden von zahlreichen Topfpflanzen gesäumt.

Schoonschip, Amsterdam, Niederlande, 2021

Das Studio Space&Matter zielt auf positive Auswirkungen. Es sieht Nachbarschaften als »bevorzugte Einheiten für Veränderungen, da sie der Ort sind, an dem Nachhaltigkeit auf menschliche Erfahrung trifft«. Das in Amsterdam realisierte Viertel aus ökoeffizienten Häusern basiert auf einem komplexen Modell der Kreislaufwirtschaft, in dem zahlreiche Innovationen zum Einsatz kommen. Es ist an ein Smart-Grid angeschlossen, über das auf den Hausdächern erzeugter Solarstrom abgegeben wird. Zwecks Isolierung und Sammlung von Regenwasser sind mindestens ein Drittel der Dachflächen begrünt. Insgesamt 500 Solarmodule erzeugen saubere Energie, die in der Batterie des jeweiligen Hauses gespeichert wird. Das Netz enthält auch nachhaltige Lösungen für Wasser- und Abwassersysteme sowie unterirdische Wärmetauscher für Heizung und Kühlung. Schoonschip umfasst auch eine kleine Bioraffinerie, in der zwecks Rückgewinnung von Rohstoffen und Energie Abwässer aus Toiletten und Mahlwerken aufbereitet werden.

Eine geschickt geplante Kreisläufigkeit nutzt neueste Technologien, um eine gesunde und den Planeten respektierende Lebensweise zu ermöglichen. Die in diesem System erzeugte saubere Energie speist nicht nur die Häuser: Ein benachbarter Mobility-Hub ermöglicht die Nutzung von E-Autos und E-Bikes, die mit dem Strom aus den Solarmodulen der Dächer betrieben werden. Die Mitglieder der Schoonschip-Gemeinschaft arbeiten ständig an der Verbesserung ihres Viertels. Ihr ehrgeiziges Ziel ist ein hundertprozentiger lokaler Kreislauf. Inspiriert durch das Donut-Modell der britischen Ökonomin Kate Raworth, setzt sich Space&Matter für die Entwicklung derartiger Gemeinschaften mit langfristigen Perspektiven ein, um ihnen die Möglichkeit zu geben, ihre Lebensräume selbst zu planen und zu verwalten. Mit Projekten wie Schoonschip zeigt das Studio, dass eine aktive Beteiligung der Endnutzer:innen an diesem Prozess sozial und ökologisch verantwortungsvolles Wohnen gewährleistet.

SPACE&MATTER

Space&Matter, 2009 gegründet von Sascha Glasl, Tjeerd Haccou und Marthijn Pool, konzentriert sich auf komplexe urbane Herausforderungen und die Entwicklung kreisläufiger Wirtschaft. Das multidisziplinäre Designteam mit Sitz in Amsterdam begann seine visionäre Arbeit mit dem Entwurf von Water voor Wonen, einem schwimmenden Viertel in einem niederländischen Polder. Seine Projekte, die von Strategien über Gebäude bis hin zu Stadtvierteln reichen, sind ungewöhnlich, innovativ und durch und durch nachhaltig. Es plant gesunde Lebensräume für Gemeinschaften, in denen die Bedürfnisse der Menschen im Mittelpunkt stehen. In diesem Sinne soll die Entscheidungsgewalt auf die Bewohner:innen und Endnutzer:innen übertragen werden. Als Wasserexperten sind die Teammitglieder auch auf die Lösung von Problemen spezialisiert, die der Klimawandel mit sich bringt.

Schoonschip, Amsterdam, Niederlande, 2021

Eine nachhaltige, effiziente und sozial verantwortliche Gemeinschaft auf dem Wasser

Waugh Thistleton Architects

»Wir legen Baumaterialien und -methoden fest und bemühen uns in jedem Punkt um innovative, einfallsreiche und nachhaltige Designlösungen mit führenden Technologien.«

Im Bestreben, die Architektur zu einem essenziell nachhaltigen Bereich zu machen, hat sich das Büro Waugh Thistleton Architects auf den Einsatz von Holzkonstruktionen spezialisiert. In fast drei Jahrzehnten der Entwicklung innovativer Lösungen erwarb es die Kompetenz, durchdachte und bedarfsorientierte Gebäude unterschiedlicher Typen, auch Großprojekte, zu entwerfen. Seine hochwertige Holzarchitektur, insbesondere bei Hochhäusern, zieht die Grenzen des Baustoffs Holz neu und zeigt sein unbegrenztes Potenzial. Unter den zahlreichen realisierten Projekten sind zwei besonders hervorzuheben.

Dalston Works, zum Zeitpunkt seiner Fertigstellung (2017) das weltweit größte vollständig aus Brettsperrholz (CLT) gebaut Gebäude, ist ein Beispiel für intelligenten, hochverdichteten städtischen Wohnungsbau, der ein gesundes Lebensumfeld bietet. Durch seine Holzbauweise wiegt es nur ein Fünftel eines Betongebäudes gleicher Größe und sorgt zudem für mehr Nachhaltigkeit, da es die Zahl der Transporte um 80 Prozent reduzierte. »Dieser bahnbrechende Einsatz von Holztechnologie hat den CO_2-Fußabdruck des Gebäudes sowohl in Bezug auf die Materialproduktion als auch auf den Zeit- und Energieverbrauch vor Ort erheblich reduziert«, betonen die Kreativen von Waugh Thistleton. Die fünf bis zehn Stockwerke hohen Häuser wurden so angeordnet, dass die Ausbeute an Tageslicht maximal ist und der Komplex sich harmonisch in die Umgebung einfügt, wozu auch die Verwendung von Ziegelmauerwerk an der Außenhülle beitrug.

The Black & White Building, London, England, Großbritannien, 2022

The Black & White Building, London, England, Großbritannien, 2022

Der Baustoff Holz kehrt in die Stadt zurück.

Eine der jüngsten Realisationen von Waugh Thistleton symbolisiert den Holzbau des 21. Jahrhunderts, bei dem, wie das Büro versichert, jedes Element so effizient wie möglich konzipiert wurde. Das Black & White Building ist ein vollständig aus Holz errichtetes Bürogebäude. Der hölzerne Baukörper wird von einer verglasten Vorhangfassade eingerahmt, die wiederum von einem auffälligen Sonnenschutz aus vertikalen Holzlamellen umhüllt wird. »Ein parametrisches Modell, das die Bewegung und den Einfluss der Sonne auf die Fassade simulierte, bestimmte die Anordnung und Form der Lamellen.« Die Struktur des Gebäudes ist eine Hybridkonstruktion aus einem Buchen-LVL-Rahmen (Furnierschichtholz) und CLT-Platten, die einen ebenso flexiblen wie großen Arbeitsraum ohne Trennwände ermöglicht.

Der Hauptvorteil dieser Einrichtung ist ihre Anpassungsfähigkeit, da die Böden den Bedürfnissen angepasst und leicht verändert werden können. Hauptziel des Projekts war die Schaffung eines gesunden Arbeitsplatzes, was durch die Verwendung von Holz für den natürlichen Komfort und den Verzicht auf Überflüssiges erreicht wurde. Alle »unnötigen architektonischen Schnörkel«, heißt es, wurden bewusst vermieden. Die Innenräume werden durch Tageslicht erhellt, zu seiner Regulierung dient ein intelligentes Jalousiensystem. Der innovative Ansatz des Büros führte zu einem Gebäude, das in seiner Struktur, seiner Funktionalität und seinem Charakter vollkommen nachhaltig ist und sich zudem optisch ansprechend in das Stadtbild einfügt.

WAUGH THISTLETON ARCHITECTS

1997 gründeten Andrew Waugh und Anthony Thistleton in London ihr Büro, um neue Wege des Bauens zu erforschen und zu entwickeln. 2003 entstand ihr erstes CLT-Gebäude. Im Rahmen ihrer lokalen und internationalen Tätigkeit entwarfen die Architekten bezahlbare Wohnungen und private Wohnprojekte sowie Büro-, Geschäfts- und Mischnutzungsräume und wurden dabei zu Pionieren für hohe Holzgebäude.

Den Anfang ihrer Entwurfsarbeit bildet eine Untersuchung der Standortbedingungen. Oberstes Ziel ist die Nachhaltigkeit, weshalb für die am kulturellen, sozialen und historischen Kontext orientierten Projekte grundsätzlich nachhaltige Designlösungen erarbeitet werden. Durch die Experimente mit Holz entwickeln die Architekten ihr Fachwissen ständig weiter und sind als Forscher und Dozenten tätig.

Dalston Works, London, England, Großbritannien, 2017

Breathe
Architecture architecture
Austin Maynard Architects
Clare Cousins Architects
Hayball
Kennedy Nolan

»Unsere Nachhaltigkeitsinitiativen gründen auf der Idee des Reduktionismus. Wir fragen, ob Gegenstände und Materialien wirklich nötig sind und wie wir ihre Auswirkungen weitestmöglich reduzieren können.«

Dan McKenna

Das ultimative Ziel von Nightingale Housing sind nachhaltige Projekte, die zu einer kohlenstoffarmen Zukunft beitragen. Nightingale Village in Brunswick, einem Vorort von Melbourne, besteht aus einer Gruppe von sechs Gebäuden, deren Nachhaltigkeit in einem ganzheitlichen Ansatz geplant wurde. Jedes Gebäude wurde von einem anderen Individuum oder Studio entworfen: Nightingale Evergreen (Clare Cousins Architects), Nightingale Leftfield (Kennedy Nolan), CRT+YRD (Hayball), ParkLife (Austin Maynard Architects), Urban Coup (Architecture architecture, Breathe) und Nightingale Skye House (Breathe).

Passive Designprinzipien und die Philosophie der Materialreduzierung stehen im Mittelpunkt dieses bahnbrechenden Wohnsystems, bei dem es um den Bau von Häusern und die Förderung der Gemeinschaft geht und nicht um Immobilien als Handelsware. Das komplexe Projekt wurde vom Architekturbüro Breathe initiiert. Es beschaffte das Grundstück und errichtete das erste Nightingale-Gebäude, Nightingale 1, wobei – von der Planung über die Ausführung bis zum Verkauf – die treibenden Kräfte Transparenz und Gerechtigkeit waren.

Nightingale Village, Brunswick, Melbourne, Victoria, Australien, 2022

6
NIGHTINGALE

Nightingale Village ist das erste Projekt von Nightingale in der Größe eines Stadtviertels. Jedes Studio, das sich dem Projekt anschloss, fügte einen neuen Wohnblock hinzu und trug damit zu einer interessanten ästhetischen Vielfalt bei. Alle Häuser wurden nach den gleichen Prinzipien realisiert. Es galt zu zeigen, dass Wohnen sozial, bezahlbar und ökologisch nachhaltig sein kann. »Wir arbeiten hart daran, den Energieverbrauch, die Kohlenstoffemissionen und die Abfälle bei Bau, Betrieb und Instandhaltung der Häuser zu reduzieren«, betont das Nightingale-Team. Die Gebäude befinden sich in einem städtischen Gebiet, das mit öffentlichen Verkehrsmitteln erreichbar ist und einen einfachen Zugang zu Carsharing und Fahrradwegen bietet, sodass alles in Reichweite ist und der Bedarf an privaten Autos und Parkplätzen minimiert wird.

Innovativer Ansatz für Nachhaltigkeit, Gemeinschaft und Bezahlbarkeit

Die Aufgabe, vollelektrische Häuser zu bauen, die ohne fossile Brennstoffe auskommen, beginnt schon damit, dass möglichst nur recycelte, natürliche und lokal beschaffbare Materialien verwendet werden. Vorhandene Strukturen werden vor Ort demontiert, um davon so viel wie möglich wiederzuverwenden; neue Materialien werden grundsätzlich so ausgewählt, dass sie gesund und frei von schädlichen Veredelungen sind. Dieser Ansatz

Nightingale Village, Brunswick, Melbourne, Victoria, Australien, 2022

Nightingale Village, Brunswick, Melbourne, Victoria, Australien, 2022

findet sich in jedem Detail wieder, z. B. bei den Armaturen, die nur aus reinem Messing oder reinem Metall bestehen, um die in der Verchromung enthaltenen schädlichen Chemikalien zu vermeiden. Diese konsequente Materialehrlichkeit führt zu einer erheblichen Verringerung des Energiebedarfs und, noch wichtiger, zu einem gesunden Wohnumfeld. Die Philosophie des Reduktionismus hilft bei der Einschätzung, welche Materialien und Elemente wirklich notwendig sind. Die Planer:innen von Nightingale Village verzichteten auf zweite Badezimmer und individuelle Parkplätze, was die Kosten für den Bau und die laufende Instandhaltung senkt, fügten aber aus Gründen des Komforts und der Gesundheit Doppelverglasung und eine gute Isolierung hinzu. Viele der den ökologischen Fußabdruck des Village verringernden Elemente senken auch die Lebenshaltungskosten: Die thermisch effizienten Gebäude sorgen das ganze Jahr über für eine konstante Innentemperatur, wodurch übermäßiges Heizen oder Klimatisieren vermieden wird, während Häuser ohne Gasanschluss sowohl die Treibhausgase als auch die Gebühren reduzieren. Zahlreiche Gemeinschaftsräume, wie z. B. gemeinschaftliche Waschsalons, Gemüsegärten und Kochbereiche im Freien, betonen das Zusammenleben und damit den Leitgedanken von Nightingale. Ein weiteres Gestaltungsmerkmal, das soziale Interaktionen erleichtert, sind die großzügig begrünten Dächer. Zur körperlichen und geistigen Gesundheit der Bewohner:innen tragen neben den Dachgärten auch grüne Fassaden und Bepflanzungen im Gebäude bei, die wie die Gärten an ein System zur Sammlung von Regenwasser angeschlossen sind.

BREATHE

Das in Melbourne ansässige Studio Breathe wurde 2001 von Jeremy McLeod und Tamara Veltre gegründet. Mit seinem innovativen, auf nachhaltiges Design konzentrierten Ansatz widmet es sich ästhetischen und umweltfreundlichen Projekten. Das ultimative Ziel des Studios ist, dauerhaft und spürbar Einfluss auszuüben, damit Wohnraum verfügbar, bezahlbar und nachhaltig wird.

ARCHITECTURE ARCHITECTURE

Architecture architecture wurde 2012 von Michael Roper und Nick James mit dem Ziel gegründet, Häuser und Schulgebäude zu entwerfen, die Familien und Gemeinschaften unterstützen und fördern. Einige der Grundsätze des Studios sind die Schaffung von Umgebungen, die gesund, robust und nachhaltig sind, sowie die Förderung von Teilhabe, Erforschung und Inklusion.

AUSTIN MAYNARD ARCHITECTS

Andrew Maynard gründete sein Büro 2002. Es wurde 2007 von Mark Austin zu Austin Maynard Architects erweitert. Mit einem breit gefächerten Portfolio von Projekten in ganz Australien und Büros in Melbourne und Hobart strebt es danach, widerstandsfähige, schöne und langlebige Architektur zu entwerfen, die sich mutig den Herausforderungen der Klimakrise stellt.

CLARE COUSINS ARCHITECTS

Die in Melbourne ansässigen Clare Cousins Architects entwerfen Wohn-, Arbeits- und Kulturprojekte, um Räume zu schaffen, die das Leben funktional und ästhetisch bereichern. »Jedes Projekt ist eine Gelegenheit, zu praktizieren, was wir schätzen: ein nuanciertes Gespür für den Ort in Verbindung mit Verantwortung für unsere Umwelt.«

HAYBALL

Hayball wurde 1983 von Len Hayball gegründet. Mit dem Schwerpunkt Kultur, Gemeinschaft und Lernen setzt das Büro seine umfassende Erfahrung in sozial und ökologisch nachhaltige Einrichtungen um. Gestützt auf einen vielschichtigen Forschungsansatz entwirft es Projekte, die den Menschen, den Gemeinschaften und dem Planeten zugutekommen.

KENNEDY NOLAN

Das 1999 gegründete Büro Kennedy Nolan entwickelt innovative Lösungen für öffentliche Einrichtungen und eine Wohnarchitektur, die in hohem Maße auf ihren Kontext eingeht und eine enge Beziehung zur Landschaft herstellt. Das Studio funktioniert mittlerweile kohlenstoffneutral. Auch seine Entwurfsprozesse sind vom Streben nach positiven Auswirkungen auf die Umwelt geprägt.

Kenneth C. Griffin
Exploration Atrium

Studio Gang

»Das Gebäude lädt dich auf eine Reise zu einem tieferen Verständnis ein, weckt deine Neugier und hilft dir, erstaunliche Organismen und Wissen zu finden.«

Jeanne Gang

Jeanne Gang ist nicht nur für ihre erstaunlichen Hochhäuser bekannt, in denen sie moderne Technologien und Materialien mit organischen Formen kombiniert, sondern auch für ihre inspirierenden Kulturräume, insbesondere Museumsbauten. Für ihre durch und durch zeitgenössischen Entwürfe holte sie sich unübersehbar Anregungen in der Natur. Das drückt sich nicht nur in den Formen aus, sondern auch in funktionierenden Modellen, die Architektur und Natur einander näherbringen, so etwa in ihren innovativen Konzepten zur Verbesserung der biologischen Vielfalt in Städten. Dazu zählt auch das experimentelle Prärie-Ökosystem auf dem Dach ihres Chicagoer Büros. Jeanne Gang setzt sich dafür ein, zur Bekämpfung des Klimawandels Gebäude adaptiv umzugestalten. In diesem Sinne geht sie bei der Gestaltung neuer Anbauten nach dem Muster der jahrhundertealten Praxis des Veredelns von Pflanzen vor. Alte und neue Pflanzen werden miteinander verbunden, damit sie gemeinsam gedeihen und fruchtbarer werden, aber auch, um sie besser gegen Umweltbelastungen oder Krankheitserreger zu schützen. In ähnlicher Weise sollen nach Ansicht der Architektin neue Bauten in bestehende Strukturen eingebracht werden, was weit über eine Renovierung hinausgeht. Ihr jüngstes Buch *The Art of Architectural Grafting* beschreibt dieses faszinierende Konzept. Ein hervorragendes Beispiel für die praktische Umsetzung ihrer These ist das Richard Gilder Center for Science, Education and Innovation, ein Anbau am American Museum of Natural History in New York.

Richard Gilder Center for Science, Education and Innovation im American Museum of Natural History, New York, New York, USA, 2023

Richard Gilder Center for Science, Education and Innovation im American Museum of Natural History, New York, New York, USA, 2023

Das unverwechselbare Gebäude macht neugierig, Besucher:innen werden zu Entdecker:innen.

Das American Museum of Natural History in New York umfasst als Campus vier Blocks mit mehr als 25 Gebäuden, die im Lauf von 150 Jahren errichtet wurden. Die jüngste, von Studio Gang konzipierte Erweiterung wurde als neuer Eingang konzipiert, der die Zugänglichkeit und Funktionalität des gesamten Komplexes verbessert und zu 30 Verbindungen zwischen zehn verschiedenen Gebäuden führt. Der Anbau wurde so geplant, dass er auch für andere Zwecke verwendet und eine Vielzahl von Programmen unterstützen kann, wodurch er die Lebensdauer der Einrichtung spürbar verlängert. Die Palette der Nachhaltigkeitsmerkmale ist umfangreich. Die hochleistungsfähige Fassaden-

STUDIO GANG

Studio Gang, gegründet und geleitet von Jeanne Gang, ist ein Architektur- und Stadtplanungsbüro. Mit seinem Hauptsitz in Chicago und Büros in New York, San Francisco und Paris arbeitet es an einem breiten Spektrum innovativer Projekte in den Bereichen Architektur, Planung, Innenarchitektur und Ausstellungswesen. Mit ausgeprägtem Verantwortungsbewusstsein im Verbund mit »Wissen, Kreativität und Ehrlichkeit« will das Studio mit seinen Entwürfen »Menschen miteinander, mit ihren Gemeinschaften und der Umwelt verbinden«. In ihrem neuesten Buch, *The Art of Architectural Grafting*, präsentiert Jeanne Gang ihren an den regenerativen Fähigkeiten von Pflanzen orientierten Ansatz, älteren Strukturen neues Leben einzuhauchen.

verglasung und die im Verhältnis zu den Wänden geringe Zahl von Fenstern reduzieren den Energieverbrauch, sorgen jedoch für eine ausreichende Erhellung durch Tageslicht. Der markant skulpturale Raum wurde mit Spritzbeton errichtet. Diese üblicherweise für Infrastrukturen eingesetzte Technik macht das Gebäude auch unter starker Beanspruchung haltbar und begünstigt seine akustischen und lichttechnischen Eigenschaften. Da der Strukturbeton direkt auf digital modellierte und speziell für das Projekt gebogene Bewehrungskörbe gespritzt wurde, entstand ein absolutes räumliches Kontinuum, das keinerlei Oberflächenbehandlungen erforderte. »Wie eine poröse, durch Wind und strömendes Wasser geformte geologische Formation empfängt das zentrale fünfstöckige Atrium des Gebäudes das Publikum als faszinierende Landschaft, die erkundet werden will«, erklärt Studio Gang. Seine die Fantasie anregenden und alle Sinne ansprechenden Formen dienen als Einladung und Wegweiser für die Zirkulation im gesamten Gebäude. Das vogelsichere Glas, die nachhaltige, mit einheimischer und heimisch gewordener Vegetation gestaltete Landschaft, der reduzierte Wasserverbrauch in den Innenräumen und die durch die Vertikalität des Atriums bewirkte Temperaturschichtung sind nur einige der weiteren Nachhaltigkeitsmerkmale dieses genialen Baus.

Yasmeen Lari

»Es ist an der Zeit, dass uns allen bewusst wird, wie ernst die Lage ist. Aber ich bleibe optimistisch, dass wir menschenfreundliche Öko-Umgebungen schaffen können.«

Die renommierte pakistanische Architektin Yasmeen Lari ist für ihre groß angelegten Projekte in Karatschi bekannt, der Wirtschaftshauptstadt des Landes. Dazu zählen das Finance and Trade Centre, das Pakistan State Oil Company (PSO) House und das Gebäude der ABN Amro Bank. Die Architektin hat auch zahlreiche Wohngebäude, darunter ihr eigenes Haus, als eindrucksvolle Beispiele des brutalistischen Stils entworfen. Bemerkenswerterweise schloss Lari 2000 ihr Büro und wandte sich der Notfallarchitektur zu. Als der Norden Pakistans 2005 durch ein gewaltiges und außergewöhnlich verheerendes Erdbeben erschüttert wurde, stellte sie ihr Wissen und ihre Fähigkeiten für den Entwurf nachhaltiger Gebäude in den Dienst der von Naturkatastrophen betroffenen Gemeinschaften. Bei ihrer klimaresistenten Architektur stützt sie sich auf traditionelle Bautechniken und verwendet natürliche und leicht verfügbare lokale Materialien. Sie verzichtet auf alle Baustoffe, die zur globalen Erwärmung beitragen könnten. Am häufigsten verwendet sie Lehm, Bambus und Kalk. Ihr Hauptinteresse galt von Anfang an der Frage, wie sich mit sehr wenig oder gar nichts etwas Sinnvolles schaffen lässt. Ihre Antwort darauf sind einfache, lokale Lösungen ohne technischen Aufwand, die bezahlbar und trotzdem sicher sind. Ihr Kampf gegen den Klimawandel geht Hand in Hand mit der Bereitstellung von Unterkünften für Geflüchtete im Rahmen der »Sozialen Barfußarchitektur«, einer Philosophie Laris, die von der von ihr mitbegründeten Heritage Foundation of Pakistan umgesetzt wird – der erste Schritt zu einem komplizierten, bei null beginnenden Wiederaufbau von Dörfern nach Überschwemmungen.

Shelter for All in Pakistan, landesweit (im Bau)

Traditionelle Methoden und kohlenstofffreie Materialien

Das Projekt Shelter for All in Pakistan basiert auf einer Reihe von Experimenten zum Bau nachhaltiger Strukturen nach dem Erdbeben von 2005. Die Green KaravanGhar (GKG) wurden zwischen 2010 und 2011 in Swat und Khairpur unter Verwendung lokaler Materialien und Methoden gebaut. Die aus Lehm gefertigten Strukturen, kombiniert mit einer Kreuzverstrebung aus Bambus und festen Bambus-Flachdächern (sogenannte KaravanRoofs), wurden als kostengünstige und kohlenstoffarme Unterkünfte konzipiert. Der größte Vorteil ist die Universalität des Projekts. Laris ganzheitliche Vision konzentriert sich nicht auf einen Ort oder ein Projekt, sie liefert Lösungen, die vielerorts in städtischen wie in ländlichen Gebieten anwendbar sind. »Diese nachhaltige grüne Bauweise kann in ganz Pakistan benachteiligten Menschen eine kostengünstige Unterkunft bieten«, betont die Heritage Foundation, und weiter: »Wenn partizipatorisch gute technische Beratung zur Verfügung steht, können Unterkünfte schnell errichtet werden.« Die Größe des Hauses kann je nach Bedarf von einer Einraum-Unterkunft bis hin zu einem komplexeren zweistöckigen Bau mit Küche und Bad reichen.

Ein weiterer wichtiger Bestandteil der philanthropischen Arbeit Laris ist das Zero Carbon Village, ein ganzheitliches Modell, das als Teil einer Katastrophenhilfestrategie den Bau nachhaltiger Öko-Gemeinschaften vorsieht. Bisher wurden Tausende von Dörfern gebaut, die einer großen Zahl von Menschen die Möglichkeit geben, Werkzeuge und Kenntnisse zu erwerben, die sie später für sich nutzen können. Ein beispielhafter Ort für Workshops und Schulungen der Heritage Foundation ist das Zero Carbon Cultural Centre in Makli, Pakistan.
Es besteht aus einem beeindruckenden, mit Stroh gedeckten und von Unterständen umgebenen Bambuspavillon und einem Demonstrationsfeld für den Bau von Unterkünften. Ein weiteres Ausbildungszentrum mit dem Namen LBA (Lari Barefoot Academy) steht jetzt im Dorf Pono Colony, wo Hunderte von Handwerkern und Barfuß-Experten geschult wurden, um die Ernährungssicherheit zu gewährleisten und klimaresistente Einraumhäuser, Toiletten und Schulgebäude zu bauen.

Zero Carbon Cultural Centre, Makli, Pakistan

YASMEEN LARI

Yasmeen Lari ist die erste und eine der bekanntesten Architektinnen Pakistans. Von 1969 bis zur Schließung ihres Büros im Jahr 2000 arbeitete sie im Rahmen zahlreicher staatlicher und unternehmerischer Aufträge an mehreren denkmalgeschützten Gebäuden sowie an oft brutalistisch wirkenden Wohnhäusern. 1980 gründete sie mit ihrem Ehemann, dem bekannten Historiker Suhail Zaheer Lari, die Heritage Foundation, deren Aufgabe es ist, das kulturelle Erbe Pakistans zu erforschen und zu schützen. In den letzten zwei Jahrzehnten war ein Großteil von Laris Tätigkeit dieser Stiftung gewidmet. Seit dem Erdbeben von 2005 widmet sich die Architektin der Gestaltung nachhaltiger und klimaresistenter Architektur für Menschen, die durch Naturkatastrophen obdachlos wurden.

Hawkins\Brown

»Mit dem Urban Sciences Building wollten wir die Nachhaltigkeitsforschung verkörpern, die Innovation vorantreiben und sinnvolle Zusammenarbeit fördern.«

Das Team von Hawkins\Brown nimmt die Verantwortung ernst, sich mit der Klima- und Biodiversitätskrise auseinanderzusetzen, zugleich will es mittels Architektur einen positiven Einfluss auf die Gesellschaft ausüben. Ihm schweben Orte vor, die diesem Ziel in ihrer sozialen und kontextuellen Dimension entsprechen. Ein perfektes Beispiel dafür ist das Urban Sciences Building (USB) der Universität Newcastle. Als Teil von Newcastle Helix befindet es sich im Herzen der Stadt und trägt zu einer innovativen Vorstellung von nachhaltigen Stadtzentren bei. Das Gebäude beherbergt das Centre for Energy Systems Integration (CESI), die School of Computing der Universität und das Urban Observatory. Das Observatorium ist ein Live-Projekt, bei dem Umweltvariablen im Gebäude, in der Newcastle Helix und sogar der ganzen Stadt in großem Maßstab überwacht und gemessen werden. Die Idee ist, das 9000 Sensoren umfassende Netzwerk zu nutzen, um die komplexen Zusammenhänge und Wechselwirkungen zwischen Gebäuden, Infrastruktur, Menschen und Umwelt zu untersuchen. Ein maßgeschneidertes Nachhaltigkeitskonzept für das Gebäude, entwickelt in Zusammenarbeit mit dem Ingenieurbüro Buro Happold, konzentriert sich auf alle Phasen – von der Planung über den Bau bis hin zum Betrieb. Dabei gehen die Ziele über die BREEAM-Zertifizierungsrichtlinien hinaus. Wie alle Projekte von Hawkins\Brown ist das Urban Sciences Building als Teil einer dynamischen, forschungsbasierten, ganzheitlichen und hochkomplexen Praxis zu sehen, die von der festen Überzeugung getragen wird, dass wir die Klima- und Biodiversitätskrise gemeinsam bekämpfen können.

Urban Sciences Building, Universität Newcastle, Newcastle upon Tyne, England, Großbritannien, 2017

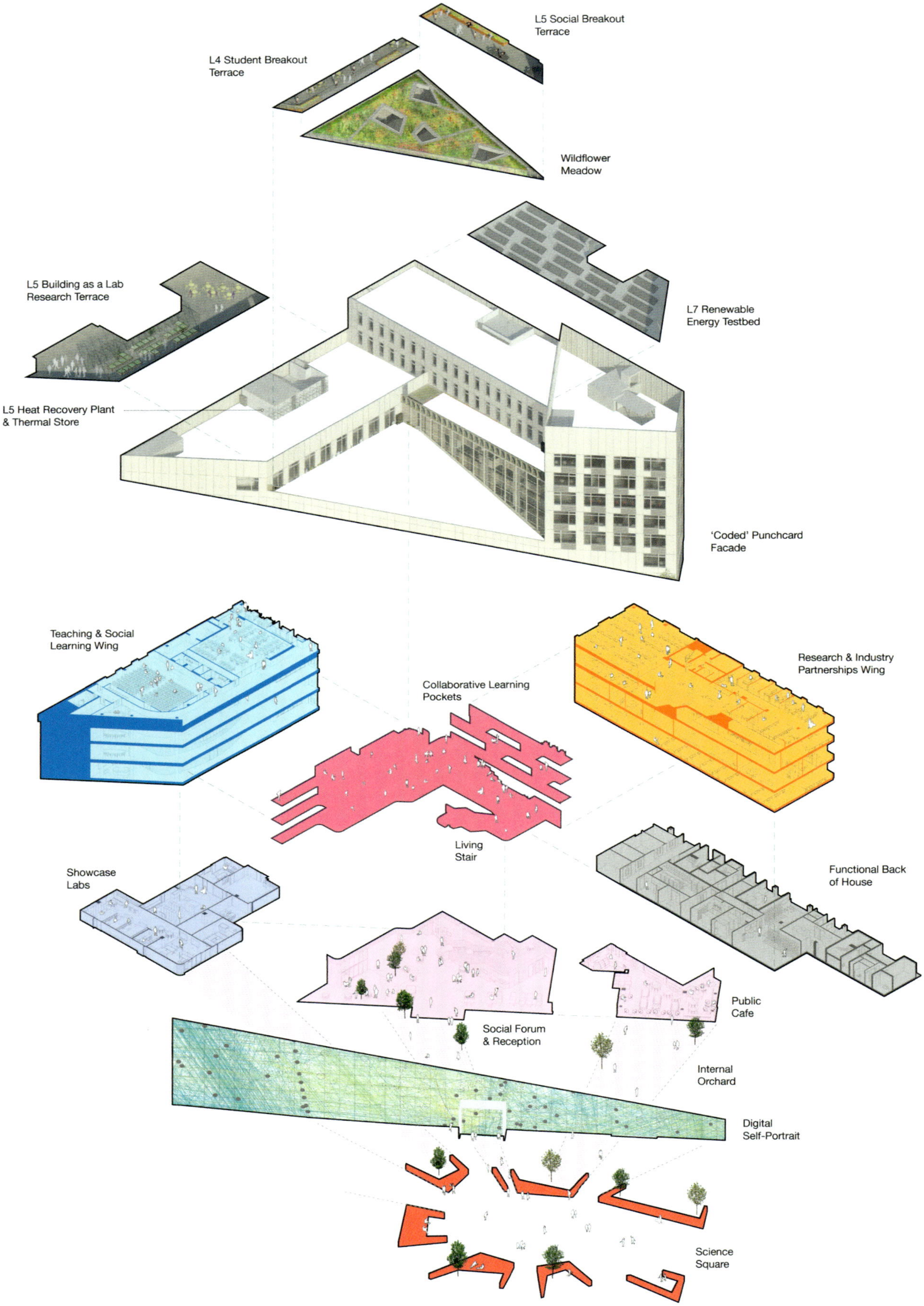
L5 Social Breakout Terrace
L4 Student Breakout Terrace
Wildflower Meadow
L5 Building as a Lab Research Terrace
L7 Renewable Energy Testbed
L5 Heat Recovery Plant & Thermal Store
'Coded' Punchcard Facade
Teaching & Social Learning Wing
Research & Industry Partnerships Wing
Collaborative Learning Pockets
Living Stair
Showcase Labs
Functional Back of House
Public Cafe
Social Forum & Reception
Internal Orchard
Digital Self-Portrait
Science Square

Ein lebendes Labor

Der Schwerpunkt der Lehr-, Forschungs- und Laborräume liegt im offenen Erdgeschoss des Gebäudes, wo ein Forum, ein Café und »Musterlabors« die soziale Interaktion fördern und zu verschiedenen Aktivitäten anregen. Im oberen Teil des Gebäudes ändert sich die Beschaffenheit der Räume, um eine ruhige Arbeitsumgebung zu gewährleisten. Zu den wichtigsten Nachhaltigkeitsmerkmalen zählen ein intelligentes technisches Energieversorgungs- und -nachfragesystem mit Speicherbatterie vor Ort und einige experimentelle Arbeitsbereiche mit Gleichstromversorgung. Ein weiteres interessantes Element, das zum innovativen Charakter des Gebäudes beiträgt, ist eine Biokuppel auf dem Dach. Sie nutzt Abwärme, Abwasser und Kohlendioxid aus den Labors zum Anbau von Nahrungsmitteln für das Café. Hawkins\Brown bemühen sich, die Leistung des Gebäudes zu steigern, indem sie digitale Modelle aus der Bauphase und einen »digitalen Zwilling« für weitere Forschungen und neue Techniken verwenden. Zu guter Letzt wurde in Zusammenarbeit mit Prof. Martyn Dade-Robertson eine Hightech-Glasfassade für die Eingangsfront entworfen. Sie ist mit Linien, Kreisen und Punkten übersät. »Diese Komposition stellt die Informationsressourcen auf der Website der Universität und ihre unzähligen Netzwerke und Verbindungsebenen dar, die zu einem bestimmten Zeitpunkt erfasst wurden.« Das Kunstwerk verleiht dem Bau Charakter und ist zugleich ein praktischer Sonnenschutz.

HAWKINS\BROWN

Das in London ansässige Architekturbüro Hawkins\Brown wurde 1988 von Roger Hawkins und Russell Brown gegründet. Seit 2021 befindet es sich zu 100 Prozent im Besitz der Belegschaft. Die Kernwerte des Teams lauten: »Die Gesellschaft ernst nehmen und die Architektur menschlich gestalten.« Sein reichhaltiges Portfolio enthält Projekte, die sich mit Menschen und ihrer Umgebung auseinandersetzen. Dabei geht es um Themen wie neue Arbeitsweisen, Nachhaltigkeit, Mischnutzung oder Nachrüstung, um nur einige zu nennen. Ein prioritäres Ziel des Teams ist, die Auswirkungen der Architektur auf den Planeten zu mindern. Den sich ständig weiterentwickelnden Erkenntnissen über die Klimakrise entsprechend entwickeln sich auch seine Nachhaltigkeitsambitionen.

Team V

»Innovation schafft oft etwas Schönes.«

Do Janne Vermeulen

Für das niederländische Architekturbüro Team V ist bei allen seinen Projekten Nachhaltigkeit ein absolutes Muss, zwei Realisationen in seinem umfangreichen und interessanten Portfolio verdienen jedoch besondere Aufmerksamkeit.
Der ASR-Hauptsitz und das Atlas-Gebäude der Technischen Universität Eindhoven (TU/e) zeigen musterhaft, wie man mit intelligenter Technologie und innovativen Lösungen große Gebäude aus den 1960er- oder 1970er-Jahren auf den neuesten Stand bringen kann. Das erste Projekt umfasste die Renovierung eines Bürogebäudes sowie den Bau eines unterirdischen Konferenzzentrums. Nachdem das Team analysiert hatte, welche Elemente noch funktionstüchtig und erhaltenswert waren, stattete es das Gebäude mit einem völlig neuen Inneren mit großen zentralen Räumen aus (vor allem, um sie mit Tageslicht zu erhellen). Für mehr Energieeffizienz umgab man die bestehende Hülle rundum mit neuen Fassaden – doppelschichtig und klimaregulierend, mit integrierter Belüftung und Sonnenschutz auf der Ost-, West- und Südseite.
Die Aufgabe war nicht einfach – angesichts der Größe des Gesamtvolumens (rund 86 000 Quadratmeter) und der Tatsache, dass die Büros während der Renovierung in vollem Umfang in Betrieb bleiben mussten. Durch den Eingriff wurde der Bau wesentlich geräumiger und die Räume erhielten viel natürliches Licht. Zudem entstand Platz für »Wintergärten« zwischen den Fassaden, wodurch eine Begrünung möglich wurde. Als visueller Verweis auf die früheren Außenwände bestehen die neuen aus sägezahnförmigen Kassetten, die in jeder Etage die Richtung ändern, sodass die gigantische Oberfläche eine dynamische Gliederung erhält. Wie das Studio betont, handelt es sich bei dem Projekt um eine optimale Verbindung von Architektur, Technologie und Inneneinrichtung.

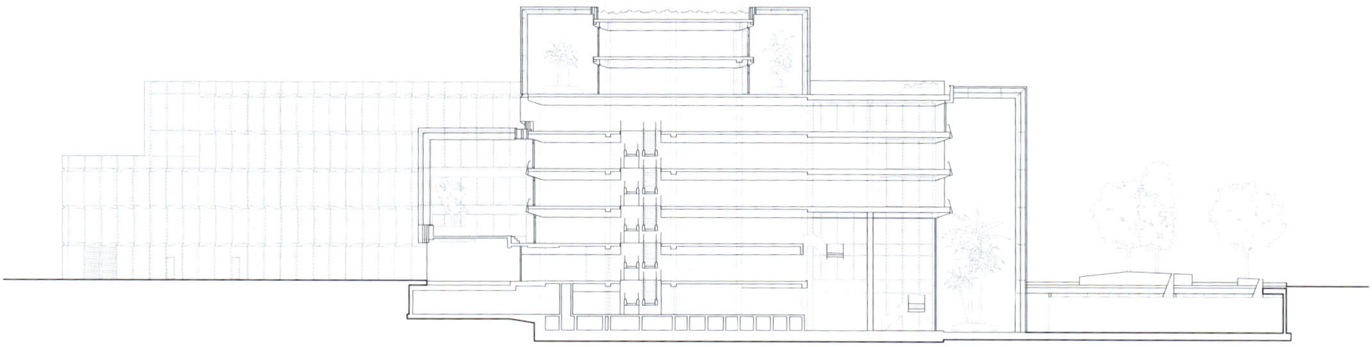

ASR-Hauptsitz, Utrecht, Niederlande, 2016

Nachhaltiger Umbau unter Beibehaltung der ursprünglichen Struktur

Auch bei der Renovierung des von S. J. van Embden entworfenen Atlas, dem ehemaligen Hauptgebäude der Technischen Universität Eindhoven, plante Team V eine Neugestaltung der Innenräume und eine neue Fassade. Letztere basiert allerdings auf der ursprünglichen Stahlkonstruktion, weil man auf diese Weise die isolierende Wirkung einer Ziegelhohlwand erzielen und die einladende Transparenz der vorhandenen Fassade erhalten wollte. Der Bau war dafür bekannt, eine der ersten Vorhangfassaden der Niederlande zu besitzen, deshalb erhielt er bei dieser Renovierung eine hochmoderne neue Version. Mithilfe intelligenter Technologien wurde die Energiebilanz des Baus erheblich verbessert: In kalten Winternächten nutzt das Steuerungssystem den reflektierenden inneren Sonnenschutz als zusätzliche Isolierschicht, im Sommer öffnet das System die Fenster für eine optimale Belüftung. Das Gebäude verfügt über eine weitere innovative Funktion: das »Smart Energy-Saving Light«-System, das Beleuchtung, Sonnenschutz und Raumtemperatur über eine Smartphone-App regelt. Interessanterweise wurde es in Zusammenarbeit mit universitären Forschungsgruppen entwickelt, die das Gebäude als Labor nutzen und unter anderem den Einfluss von Licht auf saisonale Depressionen untersuchen. Mit dieser genau durchdachten Modernisierung gelang es, die ursprüngliche Qualität des Gebäudes zu erhalten, gleichzeitig wurde die veraltete Architektur durch die Anpassung an heutige Anforderungen überholt. Team V entschied sich für die Wiederverwendung der Zwischenetagen und die Restaurierung der unteren Ebenen, um den Charakter der imposanten zentralen Halle zu erhalten. Ein zeitgemäßer Akzent ist die rote Zickzacktreppe, die über die gesamte Höhe des Baus verlaufend den Zugang zu sämtlichen Hörsälen und Studienräumen der Universität ermöglicht und zwei an den gegenüberliegenden Enden des Gebäudes liegende Fachbereiche miteinander verbindet.

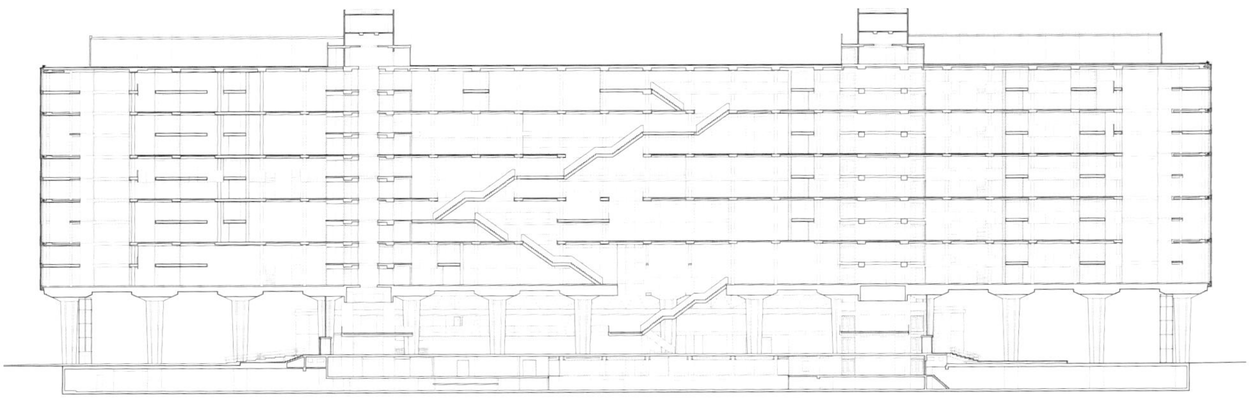

Atlas, Technische Universität Eindhoven (TU/e), Eindhoven, Niederlande, 2019

TEAM V

Team V wurde 2013 gegründet und wird von Jeroen van Schooten und Do Janne Vermeulen mit den Mitarbeiter:innen Irène Horvers und Frank Bouwman geleitet. Das in Amsterdam ansässige Studio arbeitet an einer Vielzahl von Projekten, die dem Team Gelegenheit geben, zwischen bestimmten Größenordnungen und sozialen Perspektiven zu vermitteln. Mit seinem analytischen und vor allem kollaborativen Ansatz gelingt es ihm, optimale Lösungen für einen gegebenen Kontext zu finden, wobei es ständig nach Innovation und neuen Wegen der Architekturgestaltung sucht. »Unser oberstes Ziel ist, die Nachhaltigkeit und Nutzbarkeit eines Gebäudes zu gewährleisten.« Zugleich will Team V Bauten entwerfen, die eine starke soziale und kulturelle Wirkung haben.

Benthem Crouwel Architects

»Gute Gebäude wurden so entworfen, dass man sie auseinandernehmen kann.« Joost Vos

Diese kühne Behauptung beruht auf einer langen Erfahrung mit Strukturen, die sich leicht montieren und demontieren lassen. Seit den Anfängen ihres Büros, das Jan Benthem und Mels Crouwel 1979 gegründet hatten, waren die Verwendung modularer Konstruktionen und die Flexibilität der Gebäude wichtige Aspekte ihrer Entwürfe. Dieses Tradition führt die neue Leitung vier Jahrzehnte später angesichts der ökologischen Herausforderungen mit noch mehr Überzeugung fort. Benthem Crouwel betrachten ein Gebäude als sich weiterentwickelndes Projekt und planen im Sinne einer langfristigen Anpassbarkeit. Sie sehen die Strukturen als Raster, die sich frei verändern lassen, um sie neuen Bedürfnissen anzupassen, was über die allgemeine Anordnung hinaus auch für strukturelle Elemente wie Böden gilt. Modularität betrachten sie als hilfreich bei der Entwurfsarbeit.

Ein weiteres Schlüsselprinzip ist für sie der Kreislauf. Bei einigen ihrer Bauprojekte kommen teilweise recycelte oder wiederverwendbare Abfallmaterialien aus alten Gebäuden zum Einsatz, bei anderen biobasierte, aus erneuerbaren Quellen stammende Verbundstoffe, die leicht und stabil sind. Um Ressourcen zu sparen, setzen sie in vielen Fällen bestehende Bauten instand oder bauen sie um. Ihre grundsätzlich ganzheitliche Herangehensweise umfasst eine ganze Palette sich wechselseitig verbessernder Lösungen. Die Wirkungskraft dieser Denkweise demonstriert das zur Universität Amsterdam gehörende LAB42: Es umfasst ein Labor, ein Forschungsinstitut, ein akademisches Zentrum und ein Kompetenzzentrum für künstliche Intelligenz. Das Gebäude ist energieneutral, barrierefrei, gemeinschaftlich nutzbar und besitzt eine gitterartige Struktur, sodass sich die Raumeinteilung leicht verändern lässt.

BENTHEM CROUWEL ARCHITECTS

Pascal Cornips, Daniel Jongtien, Saartje van der Made und Joost Vos sind das Team des Amsterdamer Büros Benthem Crouwel Architects. Sie haben eine klare Vision von der Architektur der Zukunft. Sie bezeichnen ihr Büro als innovativen Spielplatz. Sie sind bestrebt, Gebäude zu entwerfen, zu denen die Menschen eine Beziehung haben, weil sie sich darin wohlfühlen. Architektur sollte das Leben und den öffentlichen Raum verbessern, aber auch einen Mehrwert für das städtische Ökosystem schaffen und gut für den Planeten sein. Durch seine internationale Tätigkeit verfügt das Büro über ein vielfältiges Portfolio, wobei es den Fokus auf die Flexibilität und Anpassungsfähigkeit neu errichteter oder umgestalteter Gebäude und auf zirkuläre Systeme richtet. Das Büro präsentiert gern Entwürfe, die für Überraschungen sorgen, betont aber auch, dass man sich bei komplexen Problemen für einfache Lösungen entscheidet.

Flexibel, anpassbar und kreislauforientiert – ein Gebäude der Zukunft

Das Gebäude für Informationswissenschaften und künstliche Intelligenz im Herzen des Campus sollte offen und zugänglich gestaltet werden. Seine transparente Basis schafft eine einladende Verbindung mit den durch das Campusgelände führenden Zugangswegen. Die Farben der Außenhülle – Grün und Blau – lassen die Umrisse des Baukörpers mit der Umgebung verschmelzen. Durch seine Begrünung und natürliche Belüftung bietet das hohe und vom Tageslicht erhellte Atrium des LAB42 ein gesundes und angenehmes Ambiente. Zur Verbesserung seiner Akustik wurden die Wände zum Teil mit Filz aus recycelten PET-Flaschen verkleidet, das Tragwerk besteht vollständig aus wiederverwendbarem Stahl, was im Fall eines Umbaus einfache Anpassungen ermöglicht. Die beeindruckende Liste der recycelten Elemente umfasst Drehtüren, kreisrunde Innenwände, Laminatbalken, einen Arbeitsboden aus Recyclingbeton, recycelte Kabelkanäle, Feuerlösch-Schlauchtrommeln und sogar einige der Materialien der Einrichtung. Als energieneutrales Gebäude produziert LAB42 so viel Energie, wie es selbst benötigt, durchaus beeindruckend bei einer Fläche von 12 000 Quadratmetern. Für ihre Gewinnung sorgen 1800 Quadratmeter Solarpaneele, die als bauästhetische Elemente in die Fassade und das Dach integriert wurden. Sogar im Dachfenster des Atriums sind Solarmodule eingebaut. Ein Wärmepumpensystem liefert Energie zum Kühlen und Heizen. Zusätzlich wurde das Gebäude mit intelligenter Technologie optimiert: Um Beleuchtung, Belüftung und Temperatur anzupassen, registrieren Konsolidierungspunkte die Anzahl der anwesenden Personen. Ein nicht unbedeutender Einsparfaktor ist das Regenwasserreservoir auf dem Dach, das Wasser für die Toilettenspülungen liefert.

LAB42, Universität Amsterdam, Amsterdam, Niederlande, 2022

Library Learning Space
0

Kéré Architecture

»Etwas bauen, das nie existierte, dessen Fundamente aber längst gelegt sind.«

Francis Kéré

Francis Kéré ist ein Architekt, der bei seiner Arbeit in jeder Hinsicht Nachhaltigkeit anstrebt. Seine ganzheitliche Philosophie berücksichtigt die komplexen Aspekte des Standorts, das bauliche Erbe, lokale Fachkenntnisse und Bautechniken sowie die vor Ort verfügbaren Baustoffe. Die Koordinierung dieser lokalen Ressourcen bildet die Grundlage für seine durchdachten und ökologisch nachhaltigen Projekte. Nicht weniger wichtig sind ihm die sozialen und ökonomischen Aspekte der Nachhaltigkeit. »Das bedeutet, dass wir die zahlreichen Konsequenzen berücksichtigen müssen, die ein Entwurf nach sich zieht, in der Bauphase und während der gesamten Lebensdauer des Projekts«, betont sein Büro. Eine wichtige Rolle im Entwurfsprozess spielt das Mitspracherecht der Nutzer:innen. Es ist das Hauptprinzip des Büros: Die Betroffenen können sich in vielen Fällen in verschiedenen Phasen aktiv am Projekt beteiligen. Das Büro hat eine Reihe von Lösungen entwickelt, um die Auswirkungen der bebauten auf die natürliche Umwelt zu reduzieren, so etwa die Erprobung neuer Methoden zur Umwandlung von Materialien und strukturelle Anpassungen wie den Einbau innovativer Dachelemente, um ein angenehmes Raumklima zu erzielen. Dieser Ansatz ist von grundlegender Bedeutung für die Entwürfe und angesichts des Klimawandels besonders wichtig. Viele der Entwurfsentscheidungen stützen sich zudem auf lokale Bautraditionen – mit beachtlichen Resultaten.

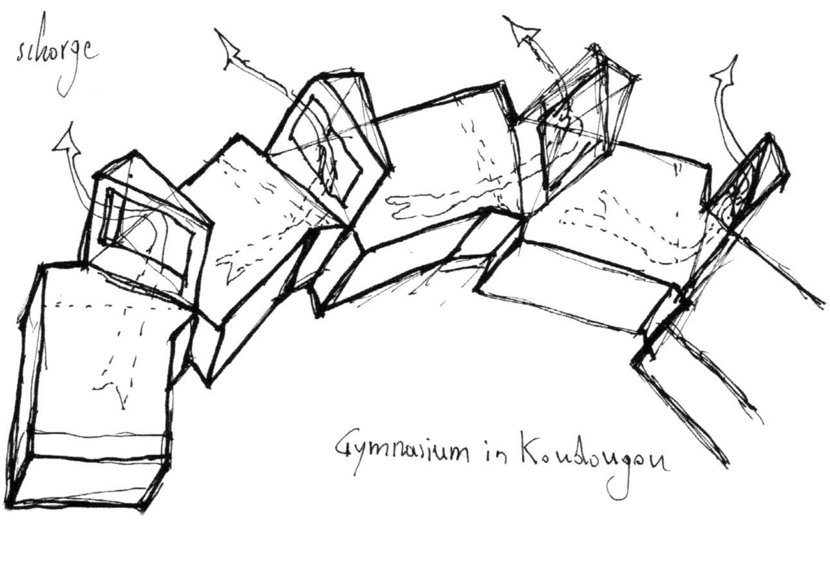

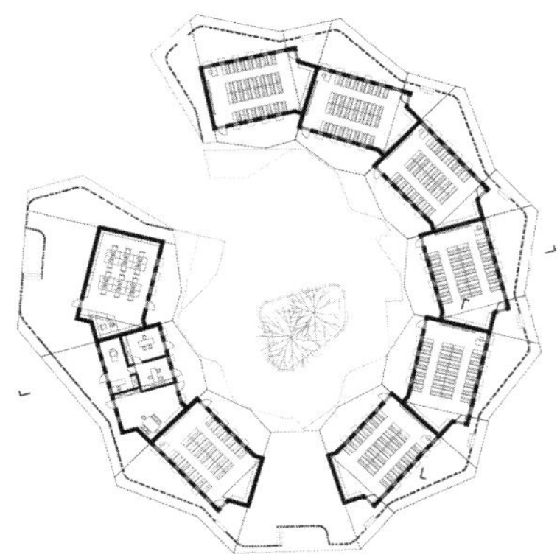

Lokale Baupraktiken treffen auf innovatives zeitgenössisches Design.

Die interessanten Aspekte der Arbeit des Studios erscheinen in der Lycée Schorge Secondary School in perfekter Kombination. Das aus neun radial angeordneten Baukörpern bestehende Gebäude umschließt einen Innenhof, wodurch ein zentraler, gegen Wind und Staub geschützter Raum entstand. Für die Wände wurde regionaler Laterit verwendet. Über seinen tiefroten Farbton hinaus zeichnet er sich durch besondere Eigenschaften aus. Nach seiner Gewinnung lässt er sich schneiden und zu Ziegeln formen, die in der Sonne aushärten. Sein größter Vorteil ist, dass er tagsüber Wärme absorbiert und nachts abstrahlt. Ein weiteres preisgünstig verfügbares und leicht zu reparierendes Material ist Eukalyptusholz. Es wurde für die Sekundärfassade rund um die Klassenzimmer verwendet, um schattige Zwischenräume zu schaffen. Decken aus durchbrochenen Gipsgewölben sorgen für mehr Helligkeit in den Klassenräumen und schützen gegen direkte Sonneneinstrahlung. Windtürme an der Rückseite der Klassenzimmer leiten die warme Luft ab und tragen gleichzeitig zur markanten Erscheinung des Gebäudes bei. Nicht zuletzt wurden die Schulmöbel aus einheimischen Harthölzern und Stahlresten der Dachkonstruktion hergestellt, um Abfall zu vermeiden und die Kosten niedrig zu halten. Die Vielzahl dieser auf das schwierige Klima zugeschnittenen Lösungen lässt diese Schule als ein durch und durch nachhaltiges Gebäude erscheinen.

Lycée Schorge Secondary School, Koudougou, Burkina Faso, 2016

Lycée Schorge Secondary School, Koudougou, Burkina Faso, 2016

KÉRÉ ARCHITECTURE

Francis Kéré, Preisträger des Pritzker-Preises 2022, gründete 2005 sein in Berlin ansässiges Büro Kéré Architecture. Es arbeitet auf verschiedenen Kontinenten und in unterschiedlichen Größenordnungen. Die Projekte reichen von temporären Installationen bis hin zu städtischer Infrastruktur. Kérés ganzheitlicher Ansatz bei der Gestaltung des Entwurfs beruht auf bewährten Komponenten wie der innovativen Nutzung weithin bekannter lokaler Ressourcen, sozialem Engagement und dem Verständnis der besonderen Bedürfnisse des gegebenen Kontexts. Bevorzugt werden partizipatorische Entwurfsmethoden, wobei der Nutzung von Fachwissen und lokalen Baupraktiken eine besondere Bedeutung zukommt. »An der Schnittstelle zwischen Utopie und Pragmatismus schaffen wir zeitgenössische Architektur, die mit einer afro-futuristischen Vision die Vorstellungskraft anregt«, erklärt das Büro.

Rob and Melani Walton Center for Planetary Health an der Arizona State University, Tempe, Arizona, USA, 2022

Grimshaw Architekton

»Mit seiner Priorisierung der betrieblichen Energieeffizienz und der Dekarbonisierung der Energieversorgung durch eine Off-Site-PV-Anlage sowie der Reduzierung des gebundenen Kohlenstoffs mittels kohlenstoffarmer Baumaterialien und -systeme übernimmt das Projekt eine nationale und globale Führungsrolle.« **Grimshaw**

Das Architekturbüro Grimshaw hat sich verpflichtet, ab 2030 nur mehr sozial und ökologisch regenerative Gebäude zu entwerfen und bis Ende 2025 seine Bauten und Infrastrukturen kohlenstofffrei zu machen. Ein wichtiges Projekt auf dem Weg zur Verwirklichung dieses ehrgeizigen Plans ist das in Zusammenarbeit mit dem Büro Architekton entwickelte Rob and Melani Walton Center for Planetary Health. Diese jüngste Ergänzung des interdisziplinären Wissenschafts- und Forschungsbezirks auf dem Campus der Arizona State University in Tempe ist ein markantes, unverwechselbares Gebäude. Es beherbergt mehrere Forschungsinstitute, darunter das Global Institute of Sustainability (GIOS) und die School of Sustainability (SoS). Die Grundidee bestand darin, Einrichtungen zu entwerfen, die weitgehend von allen gemeinsam genutzt werden können, einschließlich Konferenzräumen oder Lehrlabors, um die Nutzung des Gebäudes zu optimieren, für die auch einige individuell gestaltete Räume geplant wurden. Die Inspiration für die skulpturale Form lieferte die Natur: Der Baukörper ist einer Geode nachempfunden – »das Äußere wirkt wie eine harte Schutzhülle, während im Innenhof in einer Fülle von Licht seine Transparenz und die verglasten Öffnungen zur Geltung kommen«, betonen Grimshaw und Architekton Der durch das Grundstück verlaufende historische Bewässerungskanal war der Grund dafür, das den Innenhof umschließende Gebäude auf Stelzen zu setzen.

Rob and Melani Walton Center for Planetary Health an der Arizona State University, Tempe, Arizona, USA, 2022

Verfolgung strenger Nachhaltigkeitsziele

Die Öffnung des Baus im Erdgeschoss maximiert die Wind-, Licht- und Luftzirkulation und verbessert den Fußgängerverkehr, was insofern wichtig war, als der Standort ein stark frequentierter Verkehrsknotenpunkt ist. Herzstück des Projekts ist der Innenhof mit seinem Kanal. Sein Mikroklima bietet thermischen Komfort und schattige Bereiche für soziale Interaktion und Entspannung. Die schützende Außenhaut des Gebäudes ist mit einer Hülle aus glasfaserverstärkten Betonpaneelen verkleidet – eine bionische Nachahmung der Art und Weise, wie sich der Saguaro, eine regionale Kaktusart, gegen die Sonne schützt. Die Paneele sind so konzipiert, dass sie wenig Wärme absorbieren und an den verschiedenen Fassaden je nach Sonneneinstrahlung unterschiedlich geformt sind, was den Baukörper belebt und den Bedarf an mechanischer Kühlung minimiert. Dabei schirmen sie weder das Tageslicht noch die Aussicht ab und tragen so zum Wohlbefinden der Nutzer:innen bei. Dank der innovativen Verwendung von Hohlbeton für die Bodenplatten wurde Beton eingespart, der zudem zu 40 Prozent aus Flugasche besteht. Auf diese Weise wurde der Gehalt an Zement reduziert, dem kohlenstoffintensivsten Bestandteil des Betons. Ein intelligentes Wassermanagement nutzt das vor Ort aufgefangene und aufbereitete Regenwasser. Die Krönung des energieeffizienten Gebäudes wird eine die gesamte Grundstücksfläche bedeckende Photovoltaikanlage sein.

GRIMSHAW

Grimshaw wurde 1980 von Sir Nicholas Grimshaw gegründet und 2007 in eine Gesellschaft umgewandelt. Mit Büros auf der ganzen Welt deckt das Unternehmen die Bereiche Architektur, Planung und Industriedesign in allen wichtigen internationalen Sektoren ab. Das Team hat sich einem menschenfreundlichen, dauerhaften und umweltfreundlichen Design verschrieben und verfolgt einen ganzheitlichen Ansatz zur nachhaltigen Entwicklung mit wirtschaftlichen, sozialen und ökologischen Auswirkungen. Das Büro setzt auf sorgfältige Forschung und kühne Innovation, um optimale Lösungen für eine bebaute Umwelt zu finden, in der die Ressourcen des Planeten sorgsam genutzt werden.

ARCHITEKTON

Das amerikanische Architekturbüro Architekton mit Sitz in Tempe, Arizona, wurde von John Kane, Doug Brown und den heute im Ruhestand befindlichen Partnern Joe Salvatore und Greg Lambright gegründet. Zu den Hauptzielen gehören ein Design, das sich positiv auf die Gemeinschaft auswirkt, und die Schaffung eines positiven Nettobeitrags zur bestehenden und zukünftigen Umwelt. Charakteristisch für ihre Gewerbe- und Bildungszwecken, Kommunen oder der öffentlichen Sicherheit dienenden Gebäude sind die skulpturale Formensprache und faszinierende Materialkombinationen.

ARCHITEKTUR, BEGRÜNUNG UND LANDSCHAFT

Die vom Menschen geschaffene Architektur und die natürliche Umwelt gehören zwei gegensätzlichen Welten an, doch der Dialog zwischen ihnen wird immer interessanter. Auf der Suche nach Harmonie haben zeitgenössische Büros eine ganze Reihe von Lösungen entwickelt – von organischen Formen, wie wir sie aus der Natur kennen, bis hin zur Verwendung natürlicher Baustoffe – und das mit überraschenden Ergebnissen. Es gibt aber auch eine Palette nuancierterer und weniger offensichtlicher Ideen, die diesen Dialog gewährleisten. Der Schlüsselaspekt scheinen das Verständnis des natürlichen Kontexts und eine Gestaltung zu sein, die ihn voll respektiert. Dieser bescheidene Ansatz vermeidet jede Dominanz, verbindet die Architektur mit ihrer Umgebung und beschränkt ihre Auswirkungen auf ein Minimum. Das richtige Gleichgewicht zu finden und Gebäude zu entwerfen, die sich in die Landschaft einfügen und ihre Umgebung miteinbeziehen, das ist eine große Herausforderung.
Wie die folgenden Beispiele zeigen werden, haben Architekturbüros rund um den Globus geniale Ideen entwickelt, die dazu beitragen, die natürliche Umwelt zu schützen und den CO_2-Fußabdruck zu verringern.
Eine der neuesten Entwicklungen in der Architektur ist die Schaffung von Pflanzenhüllen, indem Pflanzen direkt in die Gebäudefassade integriert werden. Derartige grüne Hüllen sorgen für ein unverwechselbares Aussehen und darüber hinaus für eine gesündere und angenehmere Wohn- und Arbeitsatmosphäre. Die Reinigung der Luft, die Filterung des Lichts und die Kühlung der Wände sind nur einige der praktischen Aspekte dieser Strategie. Indem sie selbst großen Bauten ihrem kantigen Charakter nehmen, lassen diese wuchernde Gewebe hybride Gebäude entstehen.
Diese Begrünung von Baukörpern sowie die Nutzung der Unebenheiten des Geländes, um ein Bauwerk in den Boden einzusenken oder teilweise darin zu verstecken, sind weitere Konzepte, die sich in letzter Zeit weltweit in zahlreichen Portfolios finden lassen.

Ramos Castellano Arquitectos

»Der ökologische Fußabdruck muss minimal sein.«

Mitten in der Natur zu bauen ist niemals leicht; ein kleines Dorf auf dem Hang eines vulkanischen Berges zu errichten und in einem trockenen Klima Landbau zu betreiben, ist besonders herausfordernd. Ramos Castellano Arquitectos schuf eine faszinierende kleine Welt im nördlichen Teil der Insel Santo Antão des Kapverdischen Archipels. Die von einem deutschen Reisebüro in Auftrag gegebene Öko-Siedlung liegt zwischen zwei besonders windexponierten Dörfern. Dem Vernehmen nach war es ein sehr komplexes und langwieriges Projekt (acht Jahre bis zur Fertigstellung) mit sehr einfachen Lösungen, Materialien und Detailmaßnahmen. Die Nachhaltigkeitsprobleme und ihre Lösungen sind tief in der Philosophie des Projekts verwurzelt. Als Baumaterialien wurden Basalt, Sand und Kies verwendet, die in geringer Entfernung vom Standort verfügbar sind. Thermisch träge Wände und Querlüftung in den Räumen und Häusern sorgen für natürlichen Klimakomfort.

Um den Einsatz schwerer Maschinen auf ein Minimum zu reduzieren, entschied sich Ramos Castellano für die Beschäftigung ortsansässiger Arbeitskräfte und den Einsatz regional üblicher Bautechniken. PV-Paneele liefern Energie für eine Entsalzungsanlage und eine Hydraulikpumpe, durch die an einem Ort, wo es normalerweise nur zwei bis dreimal im Jahr regnet, ständig Wasser verfügbar ist. Alle Gebäude sind mit mechanischen Systemen zur Filterung und Wiederverwendung von Grauwasser ausgestattet, mit dem über ein Tropfsystem die Vegetation und die Pflanzterrassen bewässert werden. Dies ermöglicht den Anbau von auf dem lokalen Markt schwer erhältlichem Obst und Gemüse.

RAMOS CASTELLANO ARQUITECTOS

Ramos Castellano Arquitectos wurde 2004 von Eloisa Ramos und Moreno Castellano in Mindelo, Kap Verde, gegründet. Ramos, die aus Kap Verde stammt, lebte und arbeitete auf drei Kontinenten, bevor sie ein Architekturbüro eröffnete. Ihre Projekte verschiedener Größenordnung basieren, wie sie betont, auf einer klaren und einfühlsamen Erfassung des Kontexts sowie der vor Ort verfügbaren Materialien und Technologien. Castellano stammt aus Sardinien und ist ein multidisziplinärer Künstler, »immer auf der Suche nach allem, was die menschliche Arbeit und die Natur in ein nachhaltiges Gleichgewicht bringen kann«. Das Büro entwirft die unterschiedlichsten Projekte und gestaltet urbane Räume oder Naturlandschaften auf unverwechselbare Weise.

Biologische Siedlung, Chã de Igreja/Cruzinha da Garça, Kap Verde

Eine neue Art von Tourismus

»In Kap Verde herrscht der Neokolonialismus. Wir möchten ein anderes Paradigma vorschlagen und eine alternative Methode für den Tourismus auf den Inseln finden.« Die Idee einer Siedlung, die das Wohlbefinden fördert und das Gleichgewicht zwischen Mensch und Natur sichert, erforderte keinen Top-down-, sondern einen wahrhaft ganzheitlichen Ansatz, der die Zusammenarbeit, den beidseitigen Nutzen und den fairen Austausch mit der lokalen Bevölkerung fördert. Die erste Phase umfasste das Anlegen der Pflanzterrassen und des Bewässerungssystems. Erst nach der Bepflanzung der Terrassen begann das Büro mit der Suche möglicher Standorte für die Häuser. Sie mussten, geschützt gegen die starken und ständigen Winde, spektakuläre Ausblicke bieten, es aber gleichzeitig ermöglichen, die von Menschenhand geschaffenen Strukturen harmonisch in den natürlichen Kontext zu integrieren. Dieser Eingriff wurde mit großem Respekt vor der unberührten Schönheit der Berge realisiert. Die Begrünung der Siedlung auf Dächern, Mauern und Terrassen erfolgte in Zusammenarbeit mit einem Agronomen. Ziel war die Entstehung multisensorischer Wege. Die Siedlung mit dem für die Dörfer der Insel typischen ländlichen Lebensstil umfasst die kultivierbaren Flächen, 14 Doppelzimmer, vier Villen, ein Servicegebäude, ein Restaurant mit Aufenthaltsraum, ein Multifunktionsgebäude mit Panoramablick, ein PV-Feld, drei Bewässerungsanlagen und einen Brunnen. Das Studio entwarf auch die Inneneinrichtung und das von lokalen Handwerkern gefertigte Mobiliar – ein Beitrag zum Entstehen einer menschlichen Infrastruktur, mit der man weitere Tourismusprojekte in der Region realisieren könnte.

Cobe

»Der Opernpark ist ein Ort, wo inmitten der geschäftigen städtischen Entwicklung Kopenhagens die Natur an erster Stelle steht.« **Dan Stubbergaard**

Neben dem Bestreben, seinen ökologischen Fußabdruck zu reduzieren, hat das Büro Cobe den »Ehrgeiz, eine Umgebung zu schaffen, die aktiv zu einem lebenswerten Alltag beiträgt«. Das zeigt sich besonders in seinen Landschaftsprojekten, die auf die Erweiterung städtischer Grünzonen abzielen. Derartige Bemühungen zur Förderung der Artenvielfalt sollen ein Gegengewicht zu den Herausforderungen des Urbanisierungsprozesses bilden. Der Opernpark, eines der jüngsten Projekte, demonstriert diese Einstellung und all ihre Vorteile auf eindrucksvolle Weise. Eine üppig begrünte Insel, ehemals Industriestandort und danach grüne Wiese, bildet einen frappierenden Kontrast zum dicht bebauten Kopenhagener Innenhafen, der sie umschließt. Dieser sorgfältig geplante öffentliche Park in unmittelbarer Nähe der Königlichen Dänischen Oper bildet einen wertvollen Erholungsraum und ermöglicht es, der Hektik der pulsierenden Stadt zu entfliehen. Sechs Gärten repräsentieren hier verschiedene Weltgegenden – der nordamerikanische Wald, der dänische Eichenwald, der nordische Wald, der orientalische und der englische Garten. Dazwischen schlängeln sich Wege, und es gibt sorgfältig geplante Aussichtspunkte und verschiedene Wasserflächen wie Brunnen und Teiche. Der sechste, der subtropische Garten, befindet sich im zentralen Gewächshaus, in dem auch ein Café und eine Verbindung zur Tiefgarage für bis zu 300 Autos untergebracht sind. Das Bauwerk ist auf den ersten Blick nicht sichtbar und fügt sich dank seiner organischen Form und der leichten und transparenten Glaswände perfekt in den Park ein. Für einen zusätzlichen Tarneffekt sorgt sein begrüntes schwebendes Dach. Landschaft und Architektur sind hier optimal miteinander verbunden.

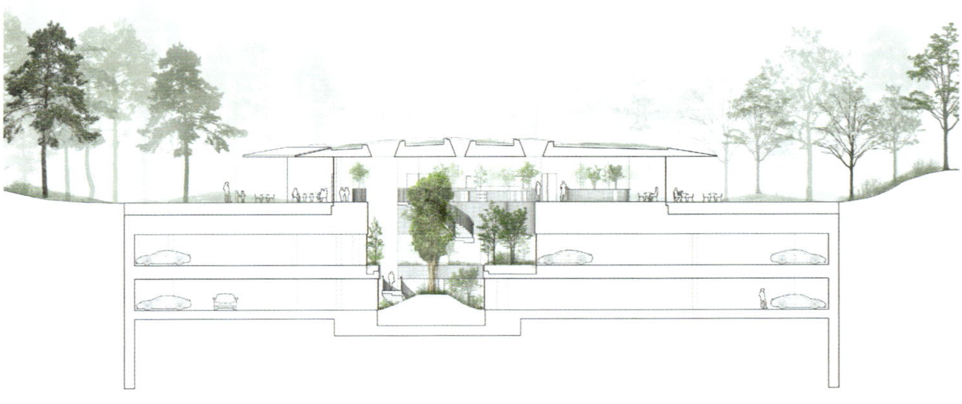

Opernpark, Kopenhagen, Dänemark, 2023

Förderung der Artenvielfalt im dicht bebauten städtischen Kontext

Cobe betont ausdrücklich die wichtige Rolle von Gärten im städtischen Kontext, die Zuflucht vor Lärm und Verschmutzung gewähren. Das Team weist darauf hin, dass »evidenzbasierten Studien zufolge klassische Gärten mit gewundenen Wegen, definierten Ausblicken und natürlicher Szenografie bei stressbedingten Gesundheitsproblemen eine heilende Wirkung haben«. 628 Bäume, 80 000 Stauden und Sträucher und 40 000 Zwiebelpflanzen aus aller Welt – insgesamt 223 einzigartige exotische und einheimische Arten – schaffen ein üppiges Stück Natur, das sich im Verlauf der Jahreszeiten noch weiter entwickeln wird. Diese Fülle von Pflanzen war dem Team wichtig. Sie sollte den Eindruck einer grünen Oase und eines Naturbads erwecken, hat aber auch einen funktionalen Grund – die Bäume und Pflanzen schützen die Insel vor den starken Seewinden. Eine weitere präventive Maßnahme war die Anhebung des Geländes zum Schutz gegen Überflutungen, da der Wasserspiegel im Hafen bei starken Regenfällen steigt. Das Dach der Königlichen Dänischen Oper wurde in zweifacher Hinsicht genutzt. Zum einen wird das abfließende Regenwasser in ein unterirdisches Reservoir geleitet und für die Bewässerung des Gewächshauses verwendet. Zum anderen erzeugen die auf dem Dach angebrachten Solarmodule Strom für die Tiefgarage, den Park und das Gewächshaus. Die Wege in dieser reizvollen Landschaft wurden mit einem wasserdurchlässigen Kiesbelag versehen, überschüssiges Regenwasser wird in speziellen Regenbeeten zur Versickerung und Verdunstung aufgefangen. Zwei wichtige Funktionen erfüllen die begrünten Dächer des Gewächshauses und der wettergeschützten Verbindungsbrücke zwischen der Oper und der Insel: Sie vermindern den Zustrom von Regenwasser auf das Gelände und dienen der Fauna des Parks als Nahrungsquelle.

COBE

Das dänische Architekturbüro Cobe in Kopenhagen wurde 2006 von dem Architekten Dan Stubbergaard gegründet, der auch als Professor an der Harvard University wirkt. Das Team hat sein »Architekturlabor«, wie es sein Büro nennt, im alten Industriehafen Nordhavn angesiedelt, den es zurzeit in ein neues Stadtviertel verwandelt. Der Umbau eines alten Lagerhauses zum Hauptsitz des Büros ist nur eines von vielen Beispielen dafür, wie man historischen Gebäuden zeitgenössisches Flair verleiht. Ein weiterer Schwerpunkt der Arbeit sind Hafenprojekte, bei denen ein ausgewogenes Verhältnis von Revitalisierung, Erholungsfunktionen und Schutz der Küste gegen die Folgen extremer Wetterereignisse angestrebt wird.

Opernpark, Kopenhagen, Dänemark, 2023

Vo Trong Nghia Architects (VTN)

»Die Herstellung einer engen Verbindung zwischen Mensch und Natur ist für unsere Teams besonders wichtig.«

»Begrünung der Stadt« – dieses Motto bestimmt die Arbeit des international renommierten vietnamesischen Architekturbüros. Den VTN Architects zufolge machen begrünte Bauten die Städte nachhaltig und damit glücklich. Sie verwenden hauptsächlich lokale Materialien, setzen auf großzügigen Einsatz von Pflanzen und sind bestrebt, Funktionalität und Energieeffizienz harmonisch miteinander zu verbinden. Ein weiterer wichtiger Aspekt ist der Rückgriff auf das architektonische Erbe Vietnams, sodass in ihre Entwürfe für Kultur-, Wohn- und Gewerbeprojekte auch traditionelle Lösungen einfließen. Dabei ist ihre Ästhetik absolut zeitgenössisch, sie experimentieren in augenfälliger Weise mit Licht, Wind und Wasser. Anschaulich wird dieser mutige Ansatz in zwei außergewöhnlichen Häusern.

Das Haus im Kunsthandwerkerdorf Bát Tràng erhielt eine durchbrochene Fassade, die der dort beheimateten einzigartigen Keramikkunst durch Verwendung rein lokaler Materialien Tribut zollt. »Mit ihrer rauen Ästhetik und ihrer Beständigkeit eignete sich Keramik bestens für die Außenhaut des Gebäudes«, betonen VTN Architects. Die maßgefertigten Keramikblöcke wurden mit zahlreichen rhythmisch angeordneten Öffnungen für Grünpflanzen versehen, die durchbrochenen Wände unterstützen wirksam die Luftzirkulation. Diese optisch ansprechende Kombination aus Grün und durchbrochener Keramik bewirkt, dass das Haus auch ohne Klimaanlage kühl bleibt und die Räume mit großen Glasflächen versehen werden können, ohne sich übermäßig aufzuheizen. Die ungewöhnliche Außenhülle filtert auch das Licht auf einzigartige Weise, was eine interessante Atmosphäre in den Innenräumen schafft, die als komfortabler, Architektur und Natur miteinander verwebender Lebensraum geplant wurden.

Haus in Bát Tràng, Vietnam, 2020

Stepping Park House, Ho-Chi-Minh-Stadt, Vietnam, 2018

Menschen bei ihren täglichen Aktivitäten mit der Natur vernetzen

Der Begrünung im Stepping Park House, das an seiner Nordseite auf einen Park ausgerichtet ist, kommt eine besondere Bedeutung zu. Der Bau wurde als Erweiterung seiner Umgebung konzipiert und führt die Natur buchstäblich in die Innenräume ein. Das Team bezeichnet dieses Konzept als Begrünung der Stadt durch »Parktaschen«. Die Verbindung mit dem Park erfolgt durch einen großen Hohlraum, der über drei Stockwerke diagonal durch den Baukörper verläuft, vom Wohnzimmer im Erdgeschoss bis zum begrünten Familienzimmer im obersten Stockwerk. Diese Anordnung ermöglicht eine freie Luftzirkulation. Auffällig sind die großzügigen, nach außen offenen und begrünten Gemeinschaftsräume miteinander verbunden, während die privaten Räume in den massiven Baukörpern angeordnet sind, um Ruhe und Rückzugsmöglichkeiten zu gewährleisten. Die Fassadenbegrünung – Efeu an den Wänden und in die Öffnungen der massiven Baukörper gepflanzte Bäume – dämpft die Kraft des Sonnenlichts. Die Pflanzen dienen nicht nur dazu, die Öffnungen und Innenräume zu kühlen. Sie werden ein Teil davon, sodass die Bewohner:innen in jedem Raum von Natur umgeben sind. Diese direkte Verbindung von Mensch und Natur und die nachhaltige Wohnqualität bestimmen bei VTN sämtliche Wohnprojekte. Das Stepping Park House ist Teil des Projekts »House for Trees«. Es soll dem Mangel an Grünflächen in den vietnamesischen Städten abhelfen, der zu Umweltproblemen wie Überschwemmungen, Aufheizung und Luftverschmutzung beiträgt. Um ihre ehrgeizigen Bauten zu realisieren, arbeiten die Architekt:innen mit Wind and Water House JSC zusammen, einem Bauunternehmen, das sich auf umweltfreundliche Gebäude spezialisiert hat.

VO TRONG NGHIA ARCHITECTS

Das vietnamesische Büro Vo Trong Nghia Architects (VTN Architects) wurde 2006 gegründet und hat seinen Sitz in Ho-Chi-Minh-Stadt. Seine unverwechselbare Architektursprache ist von üppig bepflanzten Mauern, hängenden Ranken und zahlreichen Bäumen geprägt, die oft die Strukturen durchdringen oder die Innenräume schmücken, aber auch von verwitterten Steinen und eingesenkten Gärten. Um möglichst nachhaltige Ergebnisse zu erzielen, befasste sich das Team eingehend mit traditionellen vietnamesischen Bauelementen wie durchlochten Blöcken, Kühlwassersystemen, Strohdächern und komplexen Bambusgerüsten. Es fasst seinen Ansatz wie folgt zusammen: »die Schaffung Grüner Architektur als Verbindung von Natur, lokaler Tradition und zeitgenössischem, auf modernen Materialien und Methoden basierendem Design«.

Stepping Park House, Ho-Chi-Minh-Stadt, Vietnam, 2018

Xu Tiantian

»Wir beginnen unsere Projekte mit der Erforschung und Besprechung des Kontexts, des Programms und deren Interaktion, was unserer Meinung nach die grundlegenden Elemente sind.«

Dushan Leisure Centre, Dushan Mountain, Silingxia Village, Songyang, China, 2018

Bei ihrer Tätigkeit als Architektin erlernte Xu Tiantian die Kunst, Chinas ländliche Gebiete zu entwickeln. Ihr Endziel ist, bestimmte Gegenden oder Dörfer neu zu beleben. Sie sollten erhalten werden, sagt die Architektin, da sie den größten Teil der Kultur Chinas und seines Erbes bewahren. Ihre Methode bezeichnet sie als »architektonische Akupunktur«: »Für uns geht es bei der Akupunkturstrategie darum, minimale nachhaltige Eingriffe vorzuschlagen, aber auch die Bedingungen dafür zu schaffen, dass diese langfristigen Entwicklungen ihrerseits Initiativen auslösen«, erklärt sie. Dank ihrer Kenntnis des Gebiets und ihrer Beziehungen zu den Gemeinschaften sowie der Verwendung lokaler Materialien und Bautechniken stimmt die Architektin die Bauprogramme perfekt auf die lokalen Bedürfnisse ab und fügt ihre Architektur harmonisch in die Landschaft ein. Mit ihren Entwürfen unterstützt sie eine neue, die Urbanisierung umkehrende Tendenz, die nach der Pandemie an Kraft gewonnen hat. Immer mehr Menschen verlassen die chinesischen Megastädte und ziehen in reizvolle Dörfer.
Dieser Trend lässt sich insbesondere im Landkreis Songyang beobachten, einer malerischen, ländlich geprägten Bergregion um den Songyin-Fluss mit 400 Dörfern. Xu hat diese Gegend eingehend untersucht. Für eine junge, hochgebildete und bereits international erfahrene Architektin war es eine ungewöhnliche Entscheidung, Projekte in ländlichen Zonen zu übernehmen. Xus Realisationen sind rücksichtsvolle und sorgfältig geplante Eingriffe. Sie werten die ländlichen Orte auf und werden Teil ihrer Identität. Im Rahmen ihres Engagements für die Revitalisierung von Landgebieten demonstrierte Xu mit zwei Projekten in besonderer Weise ihre einzigartige Philosophie und ihr Können.

Programmatik und Kontext von Gebäuden in Einklang bringen

Bei der Gestaltung des Freizeitzentrums Dushan Leisure Centre dachte Xu Tiantian weit über die Förderung des Tourismus in der Region hinaus und schuf eine Einrichtung, die auch für die örtliche Gemeinschaft selbst gedacht ist. Der geschwungene Bau, der ein Besucherzentrum, Wassersportanlagen und einen Meditationsraum beherbergt, liegt am Fuß des spektakulären Dushan-Berges, des Wahrzeichens der Region. Die Spiralform dynamisiert den dreieckigen Hafen am Songyin-Fluss und lädt die Besucher:innen zu einem Rundgang mit ständig wechselnden Ausblicken ein. Prägend ist die Verbindung des Bauwerks mit der umgebenden Natur. Zum einen besteht es aus Holz, zum anderen nehmen die Glasfassaden mit ihrer unterschiedlichen Lichtdurchlässigkeit Bezug auf die Wasseroberfläche. Darüber hinaus griff die Architektin auf die Tradition des chinesischen Landschaftsgartens zurück, indem sie Innen- und Außenräume zu einem Wechselspiel der Ansichten verband.

Die Tofu-Manufaktur im Dorf Caizhai ist ebenfalls eine Holzkonstruktion. Sie erinnert an die traditionelle Bauweise der alten Bauernhäuser des Dorfes, das für den besten Tofu der Region bekannt ist. Da das komplexe Gebäude an ein abfallendes Gelände an einem Fluss angepasst werden musste, wirken seine dynamischen Konturen wie eine visuelle Anspielung auf den die Gegend beherrschenden Gebirgszug. Es umfasst einen Vorbereitungs-, einen Mahl-, einen Koch-, einen Frittier-, einen Trocken- und einen Verkostungsraum. Die Räume wurden so konzipiert, dass sie den heutigen Standards entsprechen und die Anforderungen der Lebensmittelzertifizierung erfüllen. Sie sollen den lokalen Familienbetrieben und Landwirten helfen, die Qualität ihrer traditionellen Produkte und deren Absatz zu steigern. Dank ihrer durchdachten Form und ihres maßgeschneiderten, auf die Bedürfnisse der örtlichen Gemeinschaft abgestimmten Programms fügt sich die Manufaktur wie selbstverständlich in das Dorfleben ein.

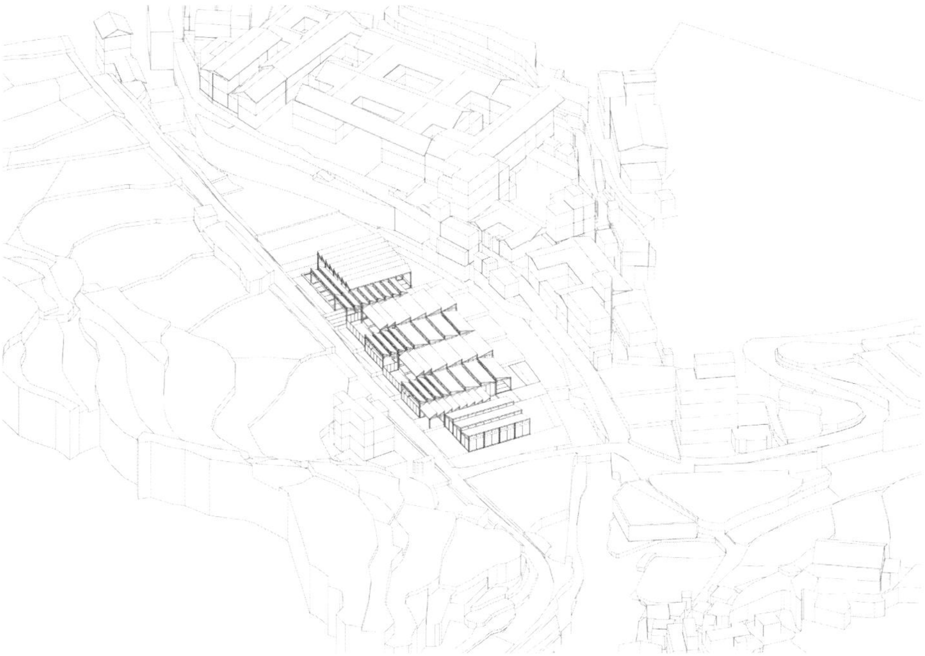

XU TIANTIAN

Die chinesische Architektin Xu Tiantian studierte an der Tsinghua-Universität in Peking und der Harvard Graduate School of Design. Sie arbeitete für verschiedene Büros in den USA und den Niederlanden, 2004 gründete sie ihr interdisziplinäres Büro DnA Design and Architecture. Das Büro mit Sitz in Peking widmet sich unterschiedlichen Bautypen und Größenordnungen. Xus Gebäudeentwürfe sind alles andere als offensichtlich – jeder von ihnen fügt sich auf einzigartige Weise in seine Umgebung ein. Entscheidend für den mehrdimensionalen Ausdruck und das Erleben von Architektur ist für Xu die intensive Auseinandersetzung mit dem Zusammenspiel von Programm und Kontext, mit der für sie die Arbeit an jedem neuen Projekt beginnt.

Tofu-Manufaktur, Dorf Caizhai, Stadt Dadongba, Songyang, China, 2018

Sou Fujimoto

»Ein Stück Natur mit Alter und Geschichte, aber auch mit einem subtilen Anschein von Wildheit, das sich im Lauf der Jahreszeiten verändert.«

Ausgangspunkt für den Bau des Hauses der Ungarischen Musik war der dicht bewaldete Stadtpark im Herzen Budapests. Damit bestand das Hauptziel darin, die Architektur so weit wie möglich in die Umgebung zu integrieren. Die visuell stimulierende Fülle von Bäumen regte zum Entwurf einer Struktur an, die an die Textur des Parks erinnert. Dazu gehört auch die Art und Weise, wie sich die Baumkronen öffnen und die Sonnenstrahlen durchlassen. »Wir ließen uns davon inspirieren, wie die Bäume einen Raum bilden, wie ihr dichtes und großzügiges Blattwerk ihn bedeckt und schützt, aber manchmal Sonnenstrahlen bis zum Boden durchdringen lässt«, erklärt das Studio. Fujimoto hatte die Vorstellung, das Gebäude müsse im Einklang mit der umgebenden Natur stehen, ein Ansatz, in dem die Essenz japanischer Traditionen zum Ausdruck kommt. Die Harmonie in dieser außergewöhnlichen Verbindung von Architektur und Natur wurde durch den kreisförmigen Baukörper erreicht. Er wirkt transparent, da seine gläserne Basis ein organisch geformtes Dach trägt, das in der Luft zu schweben und sich mit den umgebenden Baumkronen zu vereinigen scheint. Die originellen Aussparungen in der Dachkonstruktion lassen die Natur buchstäblich in das Gebäude eindringen – Bäume verflechten sich mit den Wänden. Diese Öffnungen sind auch Lichtquellen, die einen ähnlichen Effekt erzeugen wie die Sonne, wenn sie durch das umgebende Blattwerk dringt.

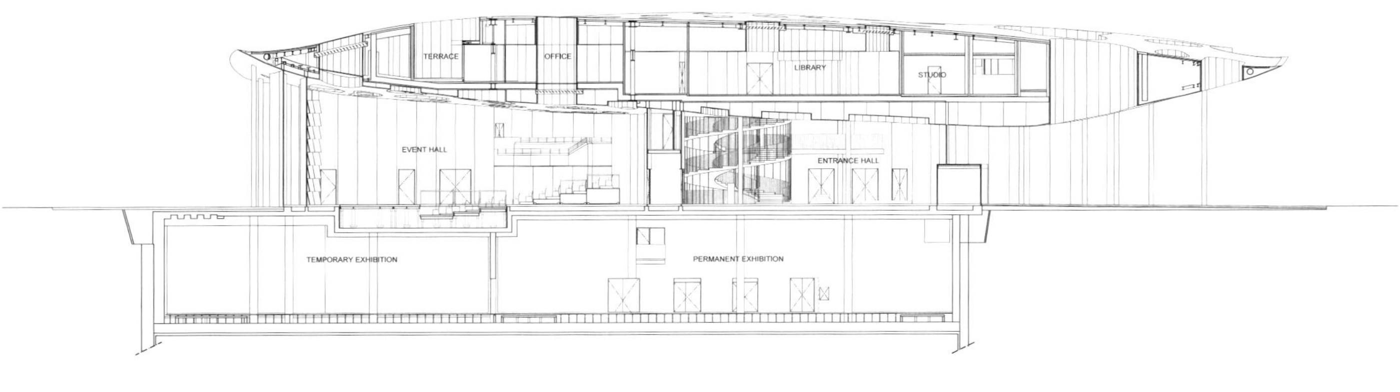

Haus der Ungarischen Musik, Budapest, Ungarn, 2021

Die Grenzen zwischen natürlicher und gebauter Umwelt verschwimmen.

Die Anpassung an die Umgebung gelang durch den Verzicht auf massive Wände: das sich nach allen Richtungen öffnende Gebäude erzeugt den Eindruck eines fließenden Übergangs zwischen innen und außen. Fujimotos leichter und ausgeklügelter Bau greift den flüchtigen und poetischen Charakter der Musik auf. Sein Typus ist alles andere als eindeutig oder traditionell. Das nestartig in Baumkronen versteckte Gebäude ist nicht sofort als solches erkennbar. So wie sein Inneres durch seine Offenheit zur natürlichen Umgebung zum Eintreten einlädt, so setzt sich darin der Charakter des Parks fort, in dem man ohne festgelegten Weg schlendert. Wer das typische Museumsschema gewöhnt ist, schätzt es, diesen Raum nun auf seine Weise und in seinem Tempo erkunden zu können. »Es geht nicht darum, etwas auszustellen, sondern einzuladen – weg vom Betrachten, hin zum Teilnehmen und Interagieren.« Fujimoto wünschte sich, dass man ungezwungen durch die Räume wandern, den Krümmungen der Wände folgen und sich dem Fluss der breiten skulpturalen Treppe anvertrauen kann, die durch ihre Spiralform das transparente Erdgeschoss dynamisch und sanft mit dem Obergeschoss verbindet. Der offene Charakter des Erdgeschosses ermöglicht Konzerte und musikalische Veranstaltungen in Resonanz mit der Landschaft vor einem zahlreichen Publikum. Die treibende Kraft in diesem großzügigen und lichtdurchfluteten Bau sind die Besucher:innen. Als ein sinnliches Erlebnis gedacht, bietet er sozusagen die Möglichkeit, in seinem Inneren das im Park praktizierte »Waldbaden« fortzusetzen.

SOU FUJIMOTO

Der japanische Architekt Sou Fujimoto studierte an der Universität Tokio und an der École Spéciale d'Architecture in Paris. 2000 gründete er sein Studio in Japan, 2016 eröffnete er ein Büro in Paris. In den letzten zwei Jahrzehnten realisierte er zahlreiche interessante, von Geometrie und ausgeklügelter Technik geprägte Projekte. Fujimotos beeindruckende visuelle Effekte verdanken sich offensichtlichen Inspirationen durch die Natur. 2011 schockierte er viele Menschen durch den radikalen Reduktionismus seines House NA in Japan. Zwei Jahre später war er dank dieser leichten, wolkenähnlichen Konstruktion der bis dahin jüngste Architekt, dem man die Gestaltung des Serpentine Gallery Pavilion in London anvertraute. 2019 schuf er in Montpellier mit L'Arbre Blanc ein neues Konzept für Wohntürme.

Haus der Ungarischen Musik, Budapest, Ungarn, 2021

Gesundheitszentrum IUCT-Oncopole, Toulouse, Frankreich, 2014

Viguier

»Eine Gesundheitseinrichtung ist in einer Landschaft ein beruhigendes Wahrzeichen und hat somit eine symbolische Dimension, die sich in der Architektur niederschlagen muss.«

Der Ehrgeiz des Büros Viguier, beruhigende Architektur zu entwerfen, erklärt sich aus der Auffassung, dass die gebaute Umwelt einen starken Einfluss auf Verhalten und Gesundheit hat. Bei der Planung von Gesundheitseinrichtungen strebt das Team ein ausgewogenes Verhältnis von Qualität der Form und funktionaler Effizienz an, um das Wohlbefinden von Patient:innen, Besucher:innen und medizinischem Personal zu optimieren. Die Integration der Gebäude in ihre Umgebung unter Einbeziehung der Natur wird durch die Verwendung organischer Formen und geschwungener Linien erreicht. Das Design der Innenräume soll alle fünf Sinne anregen. Diesem Konzept folgen die Farb- und Materialauswahl, die Grundrisse und Erschließungen mit Innen-Außen-Verbindung im gesamten Gebäude sowie die Erhellung durch natürliches Licht. Entscheidend ist dabei die Liebe zum Detail, etwa die Anordnung der Zimmer und die Größe der Fenster, die eine ideale Sicht auf die Umgebung und zugleich eine optimale Privatsphäre gewährleisten. »Unser Ziel ist das Wohlbefinden der Patienten in einer sicheren und beruhigenden Umgebung, die ihren körperlichen Bedürfnissen und ihrer seelischen Verfassung gerecht wird.« Das Gesundheitszentrum IUCT-Oncopole in Toulouse ist ein inspirierendes Beispiel dafür, wie Architektur mit der Landschaft harmoniert, um optimale Bedingungen für die Behandlung von Patient:innen und ihre Beziehung zum Personal zu schaffen. Da der Komplex sehr umfangreich ist und ein Universitätsinstitut, ein Gemeinschaftshaus, eine Klinik sowie ein Hotel und einen Empfangsbereich umfasst, erstellte Viguier den Plan auf der Grundlage eines Konzepts für einen »landschaftlichen Wissenschaftscampus«. Für den einheitlichen Charakter des Komplexes sorgt die Wahl der Formen und Materialien.

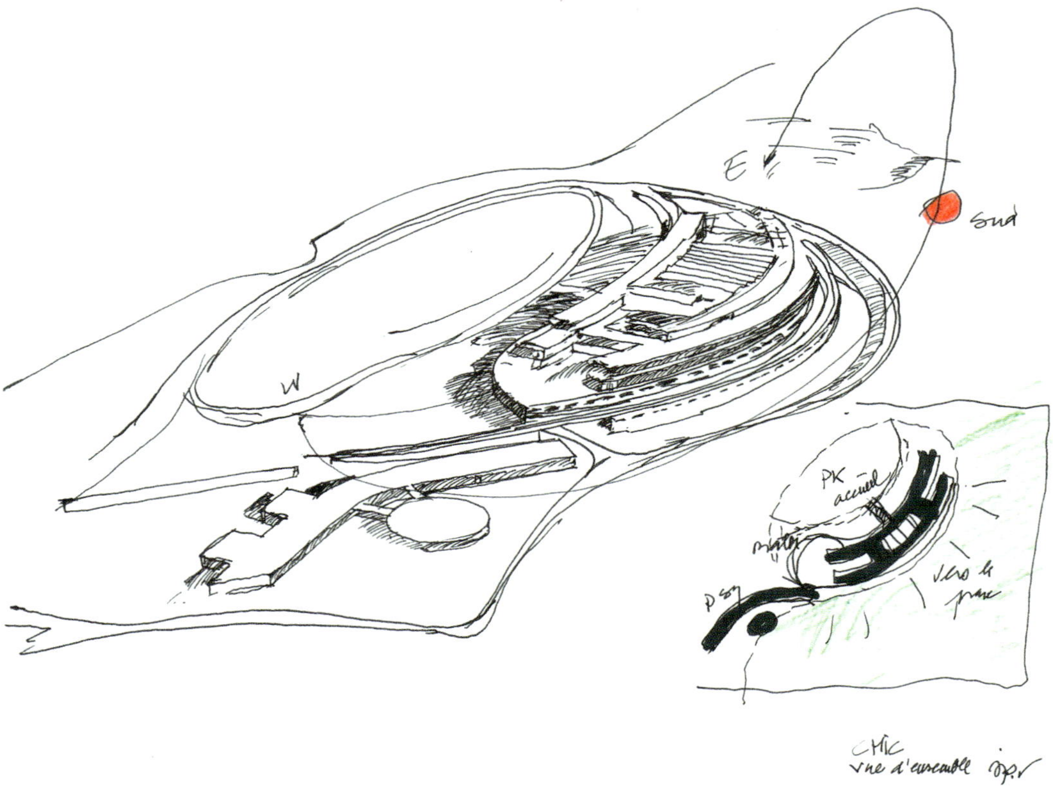

Gesundheitszentrum IUCT-Oncopole, Toulouse, Frankreich, 2014

Medizinische Einrichtungen, eingebettet in eine natürliche Landschaft

Inmitten von Grünanlagen befinden sich verschiedene Bauten mit zahlreichen öffentlichen Räumen, die zu sozialen Aktivitäten anregen und das Gemeinschaftsgefühl fördern. Dazu dient auch das Gemeinschaftshaus (Maison Commune), das den Patient:innen und den ihnen Nahestehenden sowie dem medizinischen Personal mit einem breiten Angebot an Dienstleistungen zur Verfügung steht. Herzstück des Komplexes ist das Universitäre Krebsinstitut (Institut universitaire du cancer), das im Verein mit Forschungszentren und anderen Einrichtungen einen vollständigen Funktionszyklus bildet – von der medizinischen Forschung bis zur Behandlung. Das Ergebnis des ganzheitlichen Ansatzes bei der Gestaltung der Räume ist, dass diese das medizinische Personal, die Patient:innen und ihre Angehörigen sowie die breite Öffentlichkeit in einer beruhigenden und unterstützenden Umgebung miteinander verbinden. Der Grundgedanke war, das Institut nicht einfach als Gebäude zu konzipieren, sondern als Ort, an dem Architektur und Landschaft gleichermaßen wichtig sind.
Ein weiteres interessantes Beispiel für ein einfühlsam in seinen natürlichen Kontext eingefügtes medizinisches Zentrum ist das Hôpital du Pays d'Autan in Castres, Frankreich. Mit seiner geschwungenen Form wurde das Gebäude harmonisch in die Landschaft integriert, um die Arbeitsbedingungen zu erleichtern und den Stress für die Patient:innen zu reduzieren, ohne Kompromisse bei der Funktionalität einzugehen.

VIGUIER

Das in Paris ansässige internationale Büro für Architektur, Stadtplanung und Landschaftsgestaltung Viguier wurde 1992 von Jean-Paul Viguier gegründet. Im Mittelpunkt seiner Entwürfe steht die Beziehung zwischen Gebäuden und ihrer Umgebung. Sowohl städtische als auch ländliche Umgebungen werden als Orte gesehen, die für Architektur eine Herausforderung sind, vom konzeptionellen Entwurf bis hin zur Wahl der Materialien. Damit sind sämtliche Projekte des Büros in ihrem lokalen Kontext verwurzelt. Gestützt auf die Ergebnisse einer eingehenden Analyse der geografischen, historischen, klimatischen, sozioökonomischen und künstlerisch-kulturellen Aspekte der Projekte zielen diese darauf ab, die heutigen Anforderungen für nachhaltige Entwicklung durch Kombination von Funktionen, Reversibilität, moderne Technologien und kohlenstoffarme Materialien zu erfüllen.

Piuarch

»Wenn ein architektonisches auch ein landschaftliches Projekt beinhaltet, entwickelt sich die Symbiose mit der Umwelt ganz von selbst.«

Das Büro Piuarch konzipiert seine Projekte unabhängig von Größe und Charakter mit viel Gespür für den Kontext. Eine beispielhafte Demonstration ist die neue Fendi-Fabrik. Die malerische Kulisse der toskanischen Landschaft inspirierte zu einem einfallsreichen Konzept, das Architektur und Natur eindrucksvoll verbindet. Der mit dem Landschaftsarchitekten Antonio Perazzi entwickelte und in der Ausführung von Fendis Architekturabteilung koordinierte Entwurf zeigt, wie gebautes und natürliches Umfeld reibungslos zusammenwirken oder sich sogar ergänzen können. Die weitläufige, aus geometrischen Baukörpern bestehende Fabrik wurde mit einem durchgehenden Gründach versehen, das sie dank seiner sorgfältig zusammengestellten Bepflanzung buchstäblich in das Gelände integriert. Auf diese Weise werden der Eingriff in das Ökosystem und die visuelle Präsenz des Gebäudes reduziert, ohne seine Funktionalität zu beeinträchtigen. Es scheint in der Landschaft zu verschwinden, auch dank der an die Farbpalette der Umgebung erinnernden Materialien. Hinzu kommen zahlreiche transparente Innen- und Außenwände. Ziel des Projekts war der Entwurf eines »erhöhten Gartens, der einen seit Langem bestehenden Riss im Gelände ausgleichen und den Hang, in dem dieser sich befindet, wiederherstellen soll«. Das Ergebnis ist absolut überzeugend, vor allem aufgrund des maßgeschneiderten Landschaftsprojekts, das angesichts der Größe des Komplexes – etwa 14 000 Quadratmeter – noch mehr beeindruckt und zudem ein Beispiel für zeitgemäße Energieeffizienz darstellt.

Hoher ästhetischer und ökologischer Wert

Fendi Factory, Bagno a Ripoli, Florenz, Italien, 2022

PIUARCH

Das in Mailand ansässige Studio Piuarch bietet ein Konzept zeitgenössischer Architektur, das stark in seiner Umgebung verwurzelt ist und die Ressourcen des Planeten heute und in Zukunft respektiert. Die Arbeit des Büros reicht von der Gestaltung von Bürogebäuden, Einzelhandels- und Gastronomiestrukturen bis hin zur Planung von Wohnkomplexen und Projekten zur Stadterneuerung und -sanierung. Das Hauptaugenmerk des Studios liegt auf der Gestaltung hochwertiger urbaner Umgebungen und Gemeinschaftsräume, die durch neue Nutzungen und gemeinsame funktionale Konzepte zu Orten der Stadterneuerung werden sollen. Jedes Projekt von Piuarch setzt sich mit der spannendsten Herausforderung in der Architektur auseinander: die Stadt, das Leben ihrer Bewohner und die Bedingungen für das Zusammenleben zu verbessern und dabei die Vielfalt jedes Einzelnen zu respektieren.

Die Fendi Factory wurde als architektonisches Wahrzeichen entworfen, das Ästhetik und Nachhaltigkeit verbindet und sich in die Umgebung einfügt. Das Konzept des horizontal gestreckten Gebäudes ergab sich aus der Topografie und entspricht den Anforderungen des Produktionsprozesses. Der Fendi-Komplex umfasst Management- und Verwaltungsbüros, ein Restaurant, ein Produktionslager, Werkstätten und eine Schule für exklusive Lederwaren. Sämtliche Funktionsbereiche sind über eine Reihe durchgehender Wege verbunden, die horizontal durch das Gebäude verlaufen, während das durch transparente Wände definierte Zentrum die unterschiedlich genutzten Räume visuell verbindet und dazu anregt, sich zu bewegen und Kontakte zu pflegen. Das Hauptmerkmal des Gebäudes ist zweifelsohne sein weitläufiges begrüntes Dach. Es wird von Innenhöfen durchbrochen, um seinen monolithischen Charakter aufzulockern und die Innenräume mit natürlichem Licht und frischer Luft zu versorgen. Das Gebäude sollte ein Gemeinschaft stiftender Treffpunkt werden, ganz auf den Menschen ausgerichtet, der den Grundsätzen des Büros in Bezug auf Gemeinschaftsräume und Möglichkeiten zum sozialen Austausch entspricht. Hinter dem Konzept, das Gelände in einen großen Garten zu verwandeln, stand zudem die Absicht, die Qualität der Arbeitsräume zu verbessern und auch auf diese Weise zur durchgängigen Nachhaltigkeit des Komplexes beizutragen.

FENDI

GAAGA

»Das Design ist vom japanischen *Shinrin yoku* inspiriert, dem Waldbaden. Es bedeutet, in den Wald ›einzutauchen‹ und die Natur mit allen Sinnen aufzunehmen, um Körper und Geist zu beruhigen.«

Ein im Herzen des Bosrijk-Parks in Eindhoven konzipiertes Gebäude mit 20 Wohnungen nannte das Team von GAAGA treffend »Das Waldbad«. Aufgrund seines ungewöhnlichen Standorts war es ihm besonders wichtig, eine Verbindung zwischen dem Gebäude, seinen Bewohner:innen und der bewaldeten Umgebung zu schaffen, in die sich der Bau dank seiner reduzierten Ästhetik und der Verwendung natürlicher Baustoffe harmonisch einfügt. Sein auffälligstes Element sind die als Balkonstützen fungierenden Kolonnaden – als Säulen dienen interessanterweise echte Baumstämme, die als solche optimal zur Umgebung passen (auf den Balkonen selbst dienen kleinere Baumstämme als Sichtschutz). Die Bewohner:innen können von ihrem Haus aus die Natur erleben, als würden sie im Wald spazieren gehen. Verstärkt wird dieser Eindruck durch die Verkleidung der Fassade mit wiederverwendetem Holz, das früher als Uferschutz diente. Seine natürliche Alterung vertieft die Verbindung zwischen dem Bau und dem Park, die auch durch räumliche Lösungen unterstrichen wird – so etwa den begrünten Durchgang, der einem Waldweg ähnlich durch das Gebäude führt und mit den Spazierwegen im Park verbunden ist. Er bietet Gelegenheit zu Begegnungen und hat als kühler, aber geschützter Außenraum auch die Funktion, die Belüftung der Wohnungen zu unterstützen.

GAAGA

GAAGA mit Sitz im niederländischen Delft ist ein von Esther Stevelink und Arie Bergsma gegründetes Studio für architektonisches Design und Engineering. Für Stevelink und Bergsma ist der Übergang zu einer nachhaltigen Bau- und Lebensweise eine der größten Herausforderungen unserer Zeit, deshalb widmen sie ihre Arbeit nach eigener Aussage der Entdeckung neuer architektonischer Möglichkeiten. Bei der Planung von »menschen- und umweltfreundlichen Gebäuden« setzen sie auf zirkuläres Design, den reduzierten Einsatz von Materialien und Ressourcen und nachhaltige Bauweisen. Ein besonderer Schwerpunkt ihrer Arbeit ist der kollektive städtische Wohnungsbau. Alle ihre Projekte sind auf Klimaanpassung, Flexibilität, natürliche Materialien und Wiederverwendbarkeit ausgerichtet.

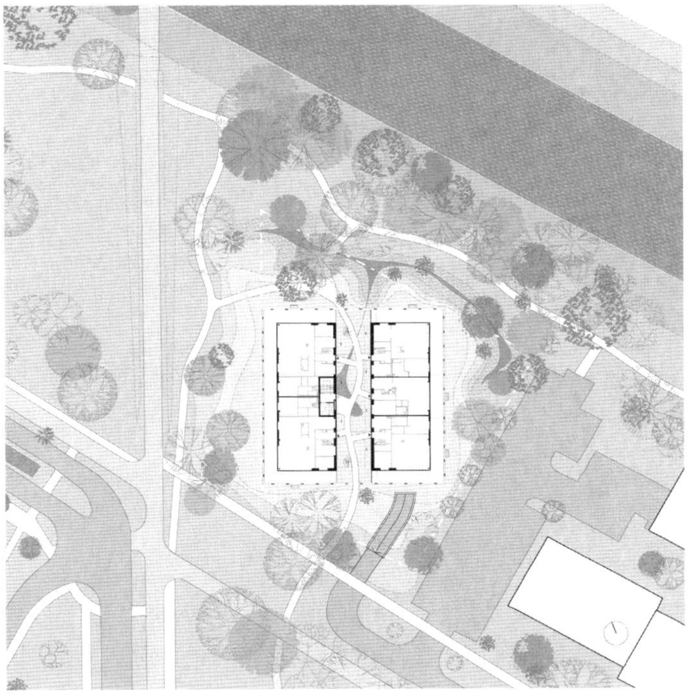

Het Bosbad (Das Waldbad), Eindhoven, Niederlande, 2022

Ein modernes Wohnhaus im Einklang mit seiner natürlichen Umgebung

Die Bewohner:innen des Gebäudes können die Natur durch die Nähe des Parks und gleich an der Türschwelle erleben. Die natürlichen Materialien in der Struktur harmonisieren das Gebäude durch Textur und Farbe mit der Umgebung auf eine Weise, die alle Sinne anspricht. Beim Betreten ihres Hauses scheinen die Bewohner:innen in den Wald einzutauchen, was sich jeden Tag aufs Neue auf ihr Wohlbefinden auswirkt. Die Entwürfe von GAAGA sind von der Überzeugung geprägt, dass die Architektur die Möglichkeit bieten muss, sich in ihr wohlzufühlen und mit einem Ort eine Verbindung einzugehen. Die sensible Gestaltung des »Waldbads« zeigt dies auf eindrucksvolle Weise. Trotz seiner relativ großen Abmessungen dominiert der Baukörper nicht die umgebende Natur. Seine durch schlanke Baumstämme, luftige Balkone und große Öffnungen erzielte Leichtigkeit entspricht dem Charakter des Standorts und schafft ein angenehmes Wohnumfeld. Seine Struktur unterstreicht einen weiteren wichtigen Aspekt in der Arbeit des Büros – das Konzept des »offenen« Gebäudes. Es geht um die Entwicklung von Häusern, die Veränderungen erlauben, sodass sich ihre Lebensdauer verlängern lässt. Aus diesem Grund bestehen sie aus dauerhaften, aber auch aus veränderbaren Teilen. »Wir berücksichtigen die unterschiedliche Lebensdauer von Bauteilen und trennen Elemente mit verschiedenen Lebenszyklen voneinander«, erklärt das Studio.

Junya Ishigami

»Ich möchte mit Architektur die neue Natur schaffen.«

Als wichtigste Inspirationsquellen dienen Junya Ishigami bei seinen Projekten die Standorte und ihre Umgebung. Der japanische Visionär möchte die Architektur selbst zu einer neuen Art von Landschaft machen. Seine einfühlsame Herangehensweise schafft faszinierende, oft komplexe Strukturen, die keinerlei Beschränkungen unterliegen. In seinem Bestreben, das Wesen eines Ortes einzufangen, versucht er nicht, einem bestimmten Stil zu folgen, sondern jeden einzelnen Standort als Herausforderung anzusehen, auf die er eine außergewöhnliche Antwort entwickelt. Dies lässt sich mit zwei bedeutenden Projekten besonders gut veranschaulichen.
Das Zaishui Art Museum ist eine eindrucksvolle Antwort auf die weiten Landschaften Chinas. Auf einem künstlichen See fand Ishigami einen Weg, die Grenze zwischen Umgebung und Architektur so unklar wie möglich zu gestalten. Der Komplex mit Ausstellungsraum, Besucher- und Einkaufszentrum hat die Form eines einen Kilometer langen Baukörpers, der, wie er sagt, »wie ein über den See wehender Wind erscheint«. Seine subtile Silhouette wird durch die Kurven des organisch geformten Daches definiert – die Kurven hängen entweder tief, fast parallel zur Seeoberfläche oder wölben sich in Richtung Himmel, um das Innere mit der natürlichen Umgebung zu verschmelzen. Dieses Merkmal findet man sogar im Inneren des Gebäudes, da einige Unterwasserabschnitte der Glaswände Lücken aufweisen, durch die Wasser aus dem See in die Innenräume dringt. »Im Inneren des Gebäudes entsteht ein neues Äußeres«, erklärt das Studio. Mit einer Reihe von Säulen, die im Wasser stehen, und transparenten Wänden, die den Blick auf den See freigeben, scheint das Museum über dem Wasser zu schweben.

Kunstmuseum Zaishui, Rizhao, Provinz Shandong, China, 2023

Haus und Restaurant, Ube, Yamaguchi, Japan, 2022

Auf der Suche nach einer neuen Beziehung zwischen natürlicher und vom Menschen geschaffener Umgebung

Das Underground House & Restaurant in Ube in Japan wurde sozusagen aus dem Boden gegraben und erhielt die Form eines höhlenartigen skulpturalen Raums, der ein Haus für eine Familie und ein Restaurant beherbergt. Die Aufgabenstellung lautete klar und eindeutig: »etwas mit der Rauheit der Natur«. Dieser Effekt wurde in bemerkenswerter Weise dadurch erreicht, dass der Raum direkt mit den natürlichen Ressourcen geschaffen wurde. Zunächst wurde eine Baugrube ausgehoben und mit Beton ausgegossen, um darin den Baukörper zu schaffen. Zu seiner Vervollständigung wurden die Öffnungen mit Glas verkleidet. »Wir konzipierten einen Prozess, in dem wir uns über Ungenauigkeiten und Versehen, die auf dem Baugrund entstanden, ständig austauschten, sie akzeptierten und berücksichtigten, um eine Architektur zu schaffen, die die natürlichen Verzerrungen und Unsicherheiten verinnerlicht«, erklärt der Architekt. Der Entwurfsprozess wurde durch 3-D-Visualisierungen unterstützt. Jetzt werden Gäste in das Restaurant wie Freunde in das Haus des Besitzers eingeladen. Wenn das Restaurant geschlossen ist, wird der Saal von der Familie

genutzt. Der Grundriss dieser organischen Struktur hat eine einfache Aufteilung mit dem Restaurant im Norden und dem Wohnbereich im Süden. Dazwischen befinden sich drei Höfe, die für zusätzliches natürliches Licht sorgen – durch diese Bereiche verlaufen auch die Sanitär-, Wasser- und Abflussleitungen. Der durch Grabung entstandene Bau bildet einen faszinierenden Lebensraum, vor allem dank seiner Texturen, die das Gefühl einer Umarmung vermitteln. Durch die Verbindung mit ihrer natürlichen Umgebung schuf Ishigami ein weiteres Mal eine neue Art von Architektur.

JUNYA ISHIGAMI

Nachdem Junya Ishigami mit Kazuyo Sejima bei SANAA gearbeitet hatte, gründete er 2004 in Tokio sein Büro junya.ishigami+associates. Er ist einer der inspirierendsten japanischen Architekten der Gegenwart. Bekannt wurde er durch seine kühnen Experimente mit Formen, die durch den Kontext der Gebäude angeregt und definiert werden. In seinen Entwürfen wird die Umgebung auf geniale Weise in die Struktur miteinbezogen und zugleich aufgewertet. Seine völlig aus dem Rahmen fallenden und die traditionellen Regeln infrage stellenden Arbeiten wurden für ihre Verbindung von Wissenschaft und Poesie gelobt. Man könnte sagen, Ishigami schafft neuartige Gebäude, bei denen Innen- und Außenraum ein Kontinuum bilden, sodass ihre Kontexte ein Teil von ihnen selbst werden.

Picasso

Hiroshi Nakamura & NAP

»Eine Bibliothek, die an die Erde denkt, eine Umarmung der Weisheit der Erde und der Menschen.« **Hiroshi Nakamura**

Hiroshi Nakamura ist bekannt für seine unverwechselbaren, durch ihre ausdrucksstarken Formen begeisternden Bauten, die sich dennoch harmonisch in ihren Kontext fügen. So originell die Form des Baukörpers und so einzigartig seine Umgebung auch sein mögen, ihre Kombination lässt die Beziehung zwischen Architektur und Natur in einem völlig neuen Licht erscheinen. Auf eindrucksvolle Weise demonstriert dies das Projekt der Unterirdischen Bibliothek, eine seiner jüngsten Realisationen. Das Gebäude wurde auf der nachhaltigen Musterfarm Kurkku Fields errichtet – eingesenkt in die Erde, mit Vegetation bedeckt und ohne Verlust an kultivierbarem Boden. Es soll den Landwirten eine Oase der Ruhe bieten. Zugang und Innenhof bilden eine Art Kluft, die aus der Vogelperspektive der Form eines Wassertropfens ähnelt. Der sanfte Abstieg von der Hauptstraße in diese auf den ersten Blick verblüffende Senke führt zu einem runden Raum mit umlaufender Fensterwand. Hinter den Fenstern laden raumhohe Bücherregale zum Betreten des Innenraums ein. Er ist in drei miteinander verbundene Teile gegliedert, die der Steigung des Hanges folgend höher werden. Auf diese Weise sind einige Räume derart niedrig, dass nur Kinder sie betreten können. Am auffälligsten ist der Teil, der sich am Ende des unterirdischen Bauwerks befindet und den mit Gras bewachsenen Boden anhebt. Er beherbergt einen Saal zum Geschichtenerzählen mit stufenförmigen Sitzgelegenheiten inmitten von Bücherregalen.

Unterirdische Bibliothek, Yana, Kisarazu, Chiba, Japan, 2022

Nahtlos in die natürliche Umgebung integrierte Architektur

Durch das über die Ränder der Dachplatten herabhängende Gras ist das Gebäude aus horizontaler Perspektive nicht zu erkennen. Im Inneren hat man durch die Lehmbeschichtung des Bodens, der Wände und der Decke und die ausgeklügelte Struktur das Gefühl, in einer Höhle zu sein. Die Überdachung, die nur von der umlaufenden Erdstützmauer und den Wänden getragen wird, überspannt einen behaglichen Innenraum ohne Säulen oder Balken. Das Hauptmerkmal sind die aus Holz gefertigten Bücherregale und die fantasievoll integrierten Lesebereiche, die den gesamten Raum zu umhüllen scheinen. Sogar die Geräteräume wurden hinter der Wand versteckt, die zudem die Aufgabe hat, Kondenswasser zu vermeiden und eine effiziente Luftzirkulation zu gewährleisten.

HIROSHI NAKAMURA & NAP

Nach seinem Master in Architektur im Jahr 1999 arbeitete Hiroshi Nakamura bei Kengo Kuma & Associates. 2002 gründete er in Tokio sein eigenes Architekturbüro, Hiroshi Nakamura & NAP, das sich mittlerweile einer breiten Palette von Projekten widmet, von Gebäuden über Stadtentwicklung bis hin zum Industriedesign. Im Bestreben, eine organische Beziehung zwischen Architektur, Natur und dem menschlichen Körper zu schaffen, praktiziert das Büro ein »mikroskopisches Design«, das sich auf natürliche Phänomene, menschliches Verhalten und Emotionen stützt. Ein wesentlicher Aspekt seiner Entwurfsprozesse ist, Geschichte, Kultur und Materialien der Standortregion zu berücksichtigen, um absolut einzigartige Ergebnisse zu erzielen. Zu seinen wichtigsten Inspirationsquellen gehören die traditionelle japanische Architektur und Gartenkultur.

Unterirdische Bibliothek, Yana, Kisarazu, Chiba, Japan, 2022

Rozana Montiel
Claudia Rodríguez

»Im Studio verweben und verbinden wir Projekte verschiedener Größenordnungen und Ebenen, um eine positive Wirkung auf die Landschaft, den Kontext und die Gemeinschaften zu erzielen.«

Rozana Montiel

Eines der erklärten Ziele von Rozana Montiel ist die neue Sinngebung der Materialien – die Architektin will durch den Dialog von Materialien, Texturen und Atmosphären mit der Umgebung ein Gefühl von Identität und Zugehörigkeit schaffen. Dieser Aspekt ist bei den städtischen Projekten des Studios von großer Bedeutung, gilt aber auch für Projekte in natürlichen Umgebungen. Montiels besonderes Augenmerk auf die Landschaft hat noch einen weiteren Grund. Die Architektin bezieht sie in das Programm ein und entwirft Gebäude, die zur ökologischen Infrastruktur werden. Veranschaulicht wird dieser nachhaltige Ansatz durch zwei Wochenendhäuser in Valle de Bravo in Mexiko, die sie mit Claudia Rodríguez entworfen hat. Die beiden Wohngebäude wurden mit großem Respekt für die örtliche Vegetation symbiotisch in den Eichenwald des Naturschutzgebiets El Peñón eingebettet.

Casa Encinos wurde von der Architektin mit einem Baumhaus verglichen. Die komplexe Struktur mit verschiedenen, durch Wege verbundenen Baukörpern, die mehrere Wohnräume beherbergen, soll ein ungewöhnliches Erlebnis und ein Gefühl von Abenteuer vermitteln. Das verspielt wirkende, mit einem System aus zertifiziertem Schichtholz errichtete Gebäude fügt sich problemlos in seine grüne Umgebung ein und ermöglicht durch die Anordnung seiner Elemente den Bewohner:innen den Genuss der üppigen Natur. »Die Schiebetüren, Terrassen und unterschiedlichen Höhen schaffen Räume, die sich als Innen- oder Außenräume nutzen lassen und die umgebende Vegetation authentisch einbeziehen«, erklärt das Studio. Um diese zu schonen, steht das Haus auf Stelzen, was zudem vor Feuchtigkeit schützt.

Annäherung an die Landschaft als Programm

Auch die horizontal angeordnete Casa Nidos schwebt über dem Boden, ruht jedoch auf tragenden Wänden. Die Idee war, das Gebäude anzuheben, um die Aussicht zu erweitern, gleichzeitig schonte sein geringer Fußabdruck – lediglich zehn Quadratmeter – das natürliche Ökosystem des Standorts. Auf diese Weise ist auch dieses Haus gegen Feuchtigkeit geschützt, gleichzeitig wurde Raum für die Gäste geschaffen. Der Bau besteht zwar aus Beton, wirkt aber dank der großzügigen, die Natur ins Innere holenden Öffnungen keineswegs überladen. Der Beton erhielt eine holzfarbene Oberfläche, um seine visuelle Wirkung abzuschwächen und ihn den Farbtönen der Umgebung anzunähern. Insgesamt besteht das stilvolle Anwesen aus drei Teilen – der erste umfasst die Zufahrt, den Parkplatz und den Empfang. Der zentrale zweite Teil ist ein großer horizontaler Bau mit den Haupträumen. Der dritte Teil liegt im unteren Abschnitt des Geländes und umfasst die Bungalows für Gäste, eine Wasserstelle und einen Gemüsegarten.

Im Mittelpunkt dieser beiden Visionen steht die nahtlose Verbindung mit der umgebenden Waldlandschaft. Trotz ihrer unterschiedlichen Geometrie sind beide Projekte geschickt eingebettet und verwischen den Kontrast zwischen Natur und Gebäude. Die Architektur ermöglicht ein spielerisches Erlebnis der Landschaft und wird zugleich zu ihrem integralen Bestandteil.

Casa Encinos, Valle de Bravo, Mexiko, 2022
Folgende Doppelseite: Casa Nidos, Valle de Bravo, Mexiko, 2021

ROZANA MONTIEL

2001 gründete Rozana Montiel ihr in Mexiko-Stadt ansässiges Büro Rozana Montiel Estudio de Arquitectura (REA). Das multidisziplinäre Studio entwirft eine Vielzahl von Projekten, die vom Buchdesign bis zur Stadtplanung reichen. Schwerpunkte sind architektonische Gestaltung und künstlerische Neukonzeption von Räumen und des öffentlichen Raums, zu seinen Forschungsgebieten zählen aber auch Wohnräume und die neue Sinngebung von Baumaterialien. Das Studio setzt sich dafür ein, »untergenutzte und nicht benutzte Räume durch Wiederverwendung vorhandener Infrastruktur in Orte der Resilienz zu verwandeln«. Darüber hinaus widmet es sich der Schaffung von Stätten, die Gemeinschaften verbinden und als »Rettungsanker der Gerechtigkeit, Vielfalt und Resilienz« geplant sind.

CLAUDIA RODRÍGUEZ

Claudia Rodríguez betreibt ein kleines Büro in Mexiko-Stadt, in dem sie sich auf Projekte konzentriert, die sich in verschiedenen Größenordnungen auf Land beziehen – von der Raumplanung bis zur Wohnarchitektur. Mit einem interdisziplinären Ansatz erforscht sie die Möglichkeiten des Designs als Instrument für den Aufbau von Nachhaltigkeit und Resilienz in städtischen, vorstädtischen und ländlichen Kontexten. Ihre architektonischen Projekte beziehen Gebäude, Landschaften und Infrastrukturen als integrale Systeme ein, die ein tiefes und praktisches Verständnis für die einzigartige Qualität und die ökologischen Muster des jeweiligen Standorts vermitteln.

TAA Design

»Von einer das Gebäude umhüllenden Pflanzendecke geschützt, ermöglichen die Büros in den Innenräumen einen erfrischenden Blick auf die grüne Fläche.«

Im Mittelpunkt der Entwürfe von TAA Design steht das Ziel, die Städte grüner zu machen. Das Büro arbeitet in einem urbanen Kontext und tritt für eine nichtinvasive Architektur ein, die ebenso funktional wie nachhaltig ist. Ein eindrucksvolles Beispiel für die Anpassung eines Gebäudes an das tropische Klima und die Verbesserung der Arbeitsbedingungen ist das Tony Fruit Office in Ho-Chi-Minh-Stadt. Mit seiner spielerischen Geometrie füllt es in einem dicht bebauten Viertel mit zahlreichen Büro- und Geschäftsgebäuden ein Eckgrundstück aus. Die beiden Fassaden blicken auf einen öffentlichen Park und sind den ganzen Tag über direkter Sonneneinstrahlung ausgesetzt.

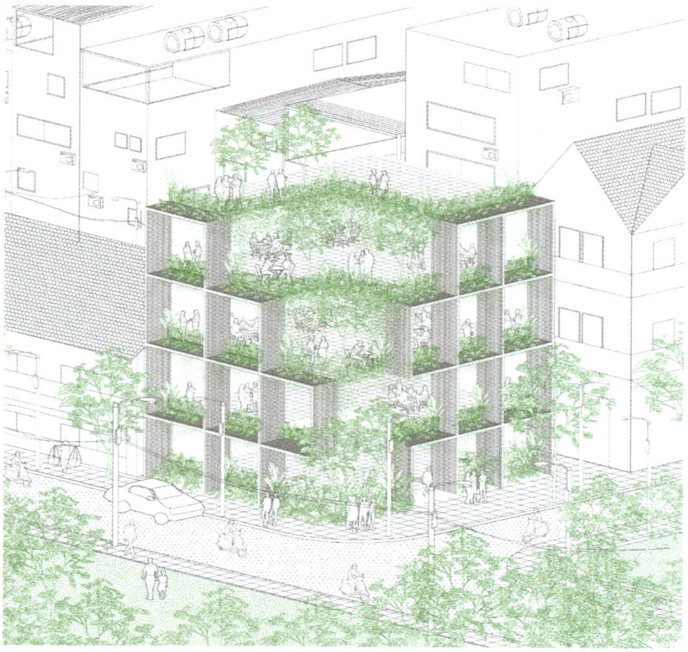

Tony Fruit Office, Ho-Chi-Minh-Stadt, Vietnam, 2020

Um die Überhitzung der Innenräume zu begrenzen, konzipierte das Team das Gebäude als einen Stapel unregelmäßig angeordneter und durchbrochener Volumen. Auf diese Weise wurde Raum für die Beschattung und die Begrünung geschaffen, die das Gebäude als natürliche Hülle umgibt und das intensive Tageslicht filtert, ohne die Aussicht zu verstellen. Darüber hinaus kann man während der Arbeit den beruhigenden Anblick und die Nähe von Pflanzen genießen. »Ein System einheitlicher Grünflächen ist auf jeder Etage vorhanden, sodass Blickkontakte zwischen verschiedenen Ebenen möglich sind, was die angenehme Raumerfahrung noch verbessert.« Das Tony Fruit Office stellt ein komfortables und räumlich interessantes Gebäude dar, in das durch die zurückgesetzte Verglasung viel Tageslicht einfällt, was den Bedarf an künstlichem Licht reduziert.

Phu My Garden, Phu My, Vietnam, 2020

Eine grüne Oase im Stadtgefüge

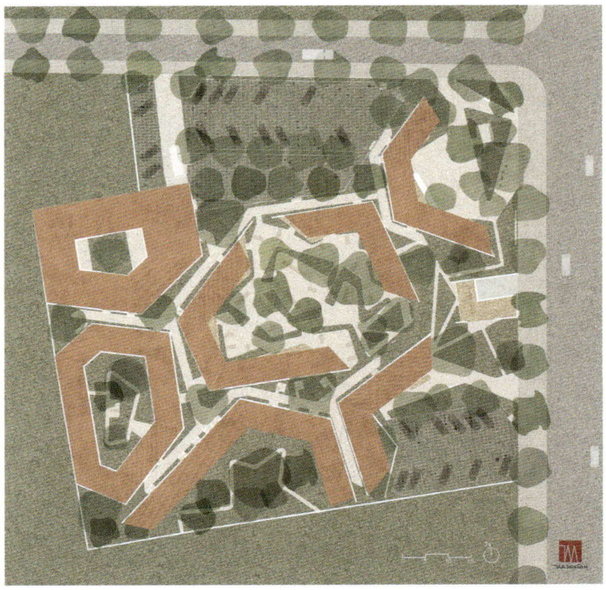

Phu My Garden, ein weiteres Beispiel für die gelungene Verflechtung von Architektur und Bepflanzung, wurde in einem neuen Stadtviertel mit schnell wachsender Industrie und einem Mangel an öffentlichen Räumen realisiert. Die originell angeordneten Baukörper mit interessanten Ausblicken haben mehrere Funktionen. Um einen zentralen Innenhof sind in verschiedenen Blöcken Food- und Freizeitbereiche und ein öffentlicher Kinderspielplatz untergebracht. Ihre einfachen Strukturen – schräge Ziegeldächer, Kolonnaden, zum Teil weit geöffnete Wände – lehnen sich an die traditionelle vietnamesische Architektur an. Das Ergebnis ist ein offener Raum unter dem Dach mit einer Mauer als Sichtschutz auf der einen und freiem Zugang zum Garten im Innenhof auf der anderen Seite. Die von verschiedenen Öffnungen durchbrochene Wand ermöglicht Kommunikation. Dank der dynamisch geformten Blöcke und der Pflanzenfülle entsteht ein Raum, der zum Entdecken einlädt. Die konsequente Verwendung von Sichtbeton- und Holzoberflächen bildet einen neutralen Hintergrund für die Begrünung mit Bäumen und Sträuchern. Mit Phu My Garden nutzte TAA Design eine Gelegenheit, inmitten der Urbanisierung einen erfrischenden Akzent im traditionellen Stil des Landes zu setzen.

Tony Fruit Office, Ho Chi Minh, Vietnam, 2020

TAA DESIGN

Das Büro für Architektur, Innenarchitektur und Landschaftsgestaltung TAA Design hat seinen Sitz in Ho-Chi-Minh-Stadt, Vietnam. Es arbeitet in einem breiten Spektrum von Typen und Formaten und realisiert sowohl einzelne Häuser als auch komplexe Wohnviertel, Kultur- und Beherbergungsgebäude sowie Büros. Ziel des Teams ist, nützliche und beeindruckende Projekte zu entwerfen, die auf den städtischen Kontext, das Hauptarbeitsgebiet von TAA Design, einen positiven Einfluss ausüben. Sein Markenzeichen besteht darin, dass es unabhängig vom Charakter des jeweiligen Projekts seine Gebäude großzügig mit Bepflanzung umhüllt, um im Stadtgefüge grüne Oasen zu schaffen.

Wallflower Architecture + Design

»Eine Oase der Ruhe und Gelassenheit, eingebettet in üppiges Grün und umarmt von der sanften Anmut der Natur.«

Mit dem Touching Eden House präsentiert dieses Studio die Quintessenz seines Ansatzes, ein perfektes Gleichgewicht zwischen städtischem Leben und Natur zu schaffen, sodass sie harmonisch koexistieren. Aufgrund seiner Lage am Rand des atemberaubenden Botanischen Gartens von Singapur, des ersten UNESCO-Weltkulturerbes der Stadt, erforderte das Haus besondere Ideen. Über seine Einbettung in den üppigen tropischen Garten hinausgehend, integrierte das Team das Grün direkt in die Architektur. Ranken und Pflanzen sind mit den Fassadenelementen verwoben, wodurch eine effektive Immersion entstand. Da die Pflanzen weiter wachsen, ist es durchaus möglich, dass das Haus nach einem gewissen Zeitraum völlig unsichtbar wird. Dank einer »Tapisserie aus üppigem Grünbewuchs«, wie das Studio es formuliert, gehen Architektur und Natur nahtlos ineinander über. Auch von der Dachterrasse hängen kaskadenartig Pflanzen herab wie ein tarnender Vorhang, der eine Atmosphäre der Ruhe schafft, zu der auch das Laub beiträgt, das die Sonnenstrahlung filtert und auf der Fassade ein faszinierendes Schattenspiel erzeugt. Ein Teil des Grüns ist auf kleinen Terrassen entlang der großen Öffnungen gepflanzt, was den Garten buchstäblich ins Haus bringt. Große, raumhohe Öffnungen verstärken die Verschmelzung von Innen und Außen und sorgen dafür, dass die Räume vom Tageslicht durchflutet werden.

Leben inmitten der Natur

Das Team setzte diese enge Verbindung zwischen der vom Menschen geschaffenen und der natürlichen Welt mit dreifacher Wirkung ein. Der erste Aspekt ist die optimale Kompatibilität und Harmonisierung mit dem intakten tropischen Standort, an dem die Ordnung der Dinge schnell auf den Kopf gestellt wurde – untypischerweise scheint die Natur die Architektur zu dominieren und nicht

Touching Eden House, Bukit Timah, Singapur, 2023

Touching Eden House, Bukit Timah, Singapur, 2023

umgekehrt. Zweitens können die Bewohner:innen des Hauses ihre Privatsphäre genießen, ohne Wände zu errichten, und gleichzeitig in den üppigen tropischen Garten eintauchen, um sich zu entspannen – das Haus wird zu einem Nest, in das man sich aus der Hektik des Alltags zurückziehen kann, was angesichts des städtischen Kontexts unerlässlich ist. Die Aussicht auf das umliegende

Grün und die sorgfältig angelegten Gärten ist beeindruckend. Interessanterweise befinden sich die Büroebene und der Fitnessraum im obersten Stockwerk und bieten so einen reizvollen Blick auf die Baumkronen, sodass man sich ganz von der Natur umarmt fühlt. Drittens eignen sich diese innovativen Maßnahmen perfekt für das örtliche Klima. Die Pflanzen fungieren als Sonnenschutz und helfen, wirksam den Einsatz künstlicher Mittel zur Kühlung der Innenräume zu umgehen, die durch ihre Gestaltung Geborgenheit und Ruhe ausstrahlen. Das Team verwendete natürliche Materialien wie Travertin und Granit sowie erdfarbene Stoffe und Hochleistungsholz im Einklang mit dem äußeren Kontext.

WALLFLOWER ARCHITECTURE + DESIGN

Tan Chai Chong Robin und Cecil Chee gründeten Wallflower im Jahr 1999. Das in Singapur ansässige Studio hat sich sowohl auf kommerzielle Projekte als auch auf Entwürfe für Wohnhäuser spezialisiert. Letztere bestechen durch ihre dynamischen Baukörperkonfigurationen und die einfallsreiche Verschmelzung mit Grünflächen. Das Team bevorzugt komplexe Projekte, bei denen es für die nahtlose Integration aller Elemente verantwortlich ist. Dieser Prozess erstreckt sich von der Architektur bis hin zur Landschaft, von der Raumgestaltung bis hin zur Beleuchtung und den Möbeln. Jede Realisation wird individuell geplant, um den speziellen Bedürfnissen der Nutzer:innen gerecht zu werden. Oberstes Ziel ist, die Umgebung, in der wir arbeiten und leben, zu verbessern und die menschliche Erfahrung zu bereichern – was durch die Verbindung von Architektur und Natur erreicht wird.

Sanjay Puri Architects

»Das Gestalten von Strukturen, die den Bedürfnissen der Menschen angepasst sind, ist der Kern unseres Ansatzes.« **Sanjay Puri**

Das im Wüstengebiet Nokha in Rajasthan gelegene Nokha Village Community Centre wurde als Gemeinschaftszentrum für Einwohner aller Altersgruppen der 144 Dörfer der Region konzipiert. Mit seiner markanten Form steht es in auffälligem Kontrast zu seiner Umgebung. Während sich seine Grünflächen deutlich von der kargen Landschaft abheben, spiegeln seine geschwungenen Linien die Topografie der Wüste wider. Das Gebäude beherbergt verschiedene geschickt geplante, an das lokale Klima angepasste Gemeinschaftsräume. Seine hoch ästhetische Formensprache unterstützt die auf die schwierigen Wetterbedingungen des Standorts zugeschnittene Funktionalität. Von lokalen Handwerkern aus regional leicht verfügbaren Materialien gebaut, verkörpert das Projekt das Hauptziel von Sanjay Puris Designphilosophie: das Realisieren »von Räumen, die Menschen in jeder Hinsicht anziehen und die soziale Interaktion fördern, durch Entwicklung räumlicher Beziehungen, die als Gesamtheit ihre volle Wirkung entfalten«.

Das Herzstück des Komplexes ist der sich nach Norden öffnende Innenhof, eine Art Amphitheater, das für Aufführungen oder Diskussionen genutzt

wird. Er wird von dem spiralförmigen Gebäude umschlossen, dessen Dach in zwei rampenartige Hänge übergeht. Das begrünte Dach ist für Erholung und Zusammenkünfte gedacht, dient aber auch als Aussichtsplattform, die eine Verbindung zwischen dem Publikum und der umgebenden Landschaft herstellt. Sie ist für jüngere wie ältere Menschen leicht zugänglich. Im Inneren des Gebäudes befinden sich unter anderem ein der lokalen Kultur gewidmetes Museum und eine digitale Bibliothek für Kinder.

Angesichts der Tatsache, dass die Temperaturen sich die meiste Zeit des Jahres zwischen 35 und 40 °C bewegen, war es äußerst wichtig, die Wärmeaufnahme auf ein Minimum zu reduzieren. Deshalb zieht sich eine grasbewachsene Berme von Osten nach Westen um das Gebäude. Durch Sandsteingitter um die Bibliothek entstehen originelle visuelle Effekte. Diese Lösung verweist auf die architektonischen Traditionen Rajasthans. Neben

Dorfgemeinschaftszentrum Nokha, Silwa-Mulwas, Nokha, Rajasthan, Indien, 2024

Design als Verpflichtung zur Nachhaltigkeit

diesen die hohen Temperaturen mildernden Elementen tragen auch die Regenwassernutzung und das Wasserrecycling zur Nachhaltigkeit des Gebäudes bei. »Beim Entwurf dieses Gemeinschaftszentrums stand die Verpflichtung zur Nachhaltigkeit im Mittelpunkt«, betont das Studio. Ein weiterer interessanter Aspekt des Projekts ist, dass die weitläufigen Räume nur wenig Grundfläche beanspruchen: Auf rund 800 Quadratmetern konnte die fünffache Fläche an nutzbarem Raum geschaffen werden.

Dieses visuell beeindruckende und überraschend grüne Zentrum bildet eine Oase in der Wüste. Die durchdachte, an der traditionellen Architektur der Gegend orientierte Anlage zeichnet sich durch eine nachhaltige Wasserwirtschaft aus, die in einer vegetationsarmen Region ausgedehnte Grünflächen ermöglicht. Durch seine organische Form und dynamische Anordnung tritt der Bau in einen interessanten Dialog mit der Umgebung. Er bietet faszinierende und angenehme Räume der Begegnung und ist in vielerlei Hinsicht erkennbar auf Nachhaltigkeit ausgerichtet.

SANJAY PURI ARCHITECTS

Sanjay Puri gründete 1992 sein in Mumbai ansässiges Büro Sanjay Puri Architects. Seit mehr als drei Jahrzehnten wird seine Arbeit von einem kontextbezogenen Ansatz bestimmt, der Architektur in harmonischer Beziehung zur Umgebung und dem lokalen Klima anstrebt. Die zahlreichen Wohnbauten, Wohnprojekte und Villen des Studios, seine Büro- und Beherbergungsgebäude, Kultureinrichtungen und Bildungsstätten sind kohärent nachhaltig gestaltet. Bemerkenswert ist die visuelle Sprache des Architekten, in der er ausdrucksstarke und alles andere als offensichtliche Formen durch markante Farben verstärkt, um skulpturale Effekte zu erzielen. Die Originalität seiner Bauten lässt ihre Umgebung in einem neuen Licht erscheinen.

Dorfgemeinschaftszentrum Nokha, Silwa-Mulwas, Nokha, Rajasthan, Indien, 2024

ilimelgo Architectes

»Wir müssen [...] erfinden, uns auf unbekanntes Terrain wagen, um neue Nutzungen zu erproben. So wie im Fall des Projekts Cité Maraîchère, einem beeindruckenden pädagogischen Instrument, das auf eine bessere lokale Ernährung abzielt und Fragen zu unseren Lebens- und Ernährungsgewohnheiten in der Stadt aufwirft.«

ilimelgo versucht, praktische Antworten auf eine der wichtigsten Fragen zu finden: die Suche nach der Stadt von morgen. Das Studio möchte unsere Lebensweise neu erfinden und mit seinen kühnen Visionen dazu beitragen, dass die Städte grüner, offener und innovativer werden.

Eine der originellen Antworten ist die neue städtische Einrichtung Cité Maraîchère in Romainville, nahe Paris, ein Projekt für urbane Landwirtschaft mit pädagogischer Zielsetzung. Mit Blick auf den Klimawandel, das Bevölkerungswachstum und die Herausforderungen im Bereich der Ernährung wurde das Projekt initiiert, um die Menschen in der Umgebung das ganze Jahr hindurch mit frischem Gemüse von hoher Qualität zu versorgen. Das von ilimelgo entworfene innovative Gewächshaus fördert die lokale Nahrungsmittelproduktion und schärft zudem das Bewusstsein für Nachhaltigkeit, indem es durch Vermeidung von Transporten den CO_2-Fußabdruck reduziert. Das in einem Viertel mit starker städtischer Dynamik errichtete Gebäude ist effektiv ein »lebendes Labor«, das die Kraft der Architektur als Unterstützung der urbanen Landwirtschaft und ihr Potenzial für den ökologischen Wandel in einer städtischen Umgebung demonstriert. »Es wurde als ›kontrolliertes‹ bioklimatisches Umfeld konzipiert, das natürliche Belüftungs- und Beleuchtungssysteme mit hochleistungsfähigen thermischen Hüllen kombiniert.« Seine einfache Architektursprache stellt die funktionalen Aspekte in den Vordergrund. Ein durchdacht geplantes Gebäude mit Sonnen- und Wärmeschutz, natürlichem Licht und einem System zur Verwertung von Regenwasser wird zu einer beispielhaften Anlage für urbane Landwirtschaft.

Cité Maraîchère, Romainville, Frankreich, 2021

Urbaner Landbau kombiniert mit Bildung

Der Entwurf basiert auf einer Studie über das Sonnenlicht, mit deren Hilfe eine für die Pflanzen optimale Fassadenbelichtung erreicht wurde. Der Grundgedanke war, ein Gewächshaus für Gartenbau in einem industriellen Gebäudetyp anzulegen, um eine rationelle und dennoch flexible und damit funktionale Struktur mit einfacher Raumkonfiguration zu schaffen. Ein weiteres Ziel des Projekts war die Förderung der sozialen Interaktion und des Austauschs zwischen den Anwohner:innen. Indem es ihnen ermöglicht, in ihrem Stadtviertel durch eigenen Anbau Nahrungsmittel zu produzieren, belebt das Projekt dieses Viertel mit neuer Energie. Der Bau aus vorgefertigten Elementen spiegelt die innovative Funktion des Gebäudes und die damit verbundenen Herausforderungen wider. Die strengen städtebaulichen Vorschriften genügende Cité Maraîchère fügt sich gut in ihre Umgebung innerhalb eines Stadtviertels ein, das zurzeit umfassend erneuert wird. Das als flexibler und öffentlich zugänglicher Raum konzipierte Erdgeschoss beherbergt eine Anzahl pädagogischer Einrichtungen und einen Ladenbereich, der mit den Lehrgärten am Fuß des westlichen Gebäudeteils verbunden ist. In der ersten Etage kann man von einem Zwischengeschoss aus die Kulturen überblicken. Sie ist ebenfalls für die Öffentlichkeit zugänglich. Die oberen Stockwerke und das Untergeschoss wurden für die Anlage von erdelosen Gemüsekulturen konzipiert. Die Planung schuf nicht nur optimale Bedingungen für den Gemüsebau. Sie verband auch die Gehwege und Servicetreppen so, dass sie Wegstrecken verkürzt und Zeit spart. Das Projekt kam in die engere Auswahl für den EU Mies van der Rohe Award 2022.

ILIMELGO ARCHITECTES

ilimelgo ist ein von Valérian Amalric gegründetes und gemeinsam mit Catherine Gascon geleitetes Architekturstudio mit Büros in Paris und Rennes. Die besondere Herangehensweise des Studios bei der Planung von Gebäuden und Schaffung neuer Umgebungen ist von dem Bewusstsein geprägt, dass die aktuellen Probleme dringend innovative Lösungen erfordern. Leitmotiv des Portfolios ist Architektur als Reaktion auf den Klimawandel. Das Team engagiert sich für Projekte, die an den Kontext und die Funktion angepasst, ökologisch ausgerichtet und in die Landschaft integriert sind. Seine Experimente mit neuen Verwendungsmöglichkeiten und biobasierten Materialien wie Hanfbeton ermöglichen ein Bauen, das den Menschen und die Natur gleichermaßen respektiert.

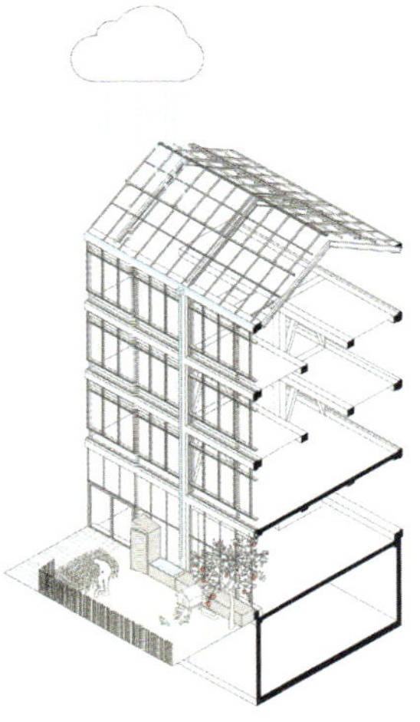

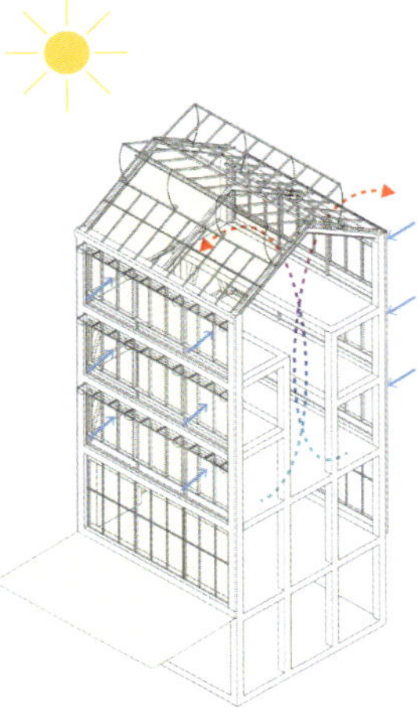

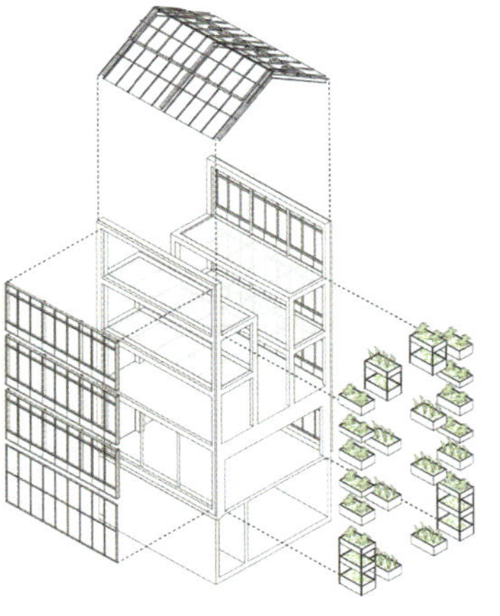

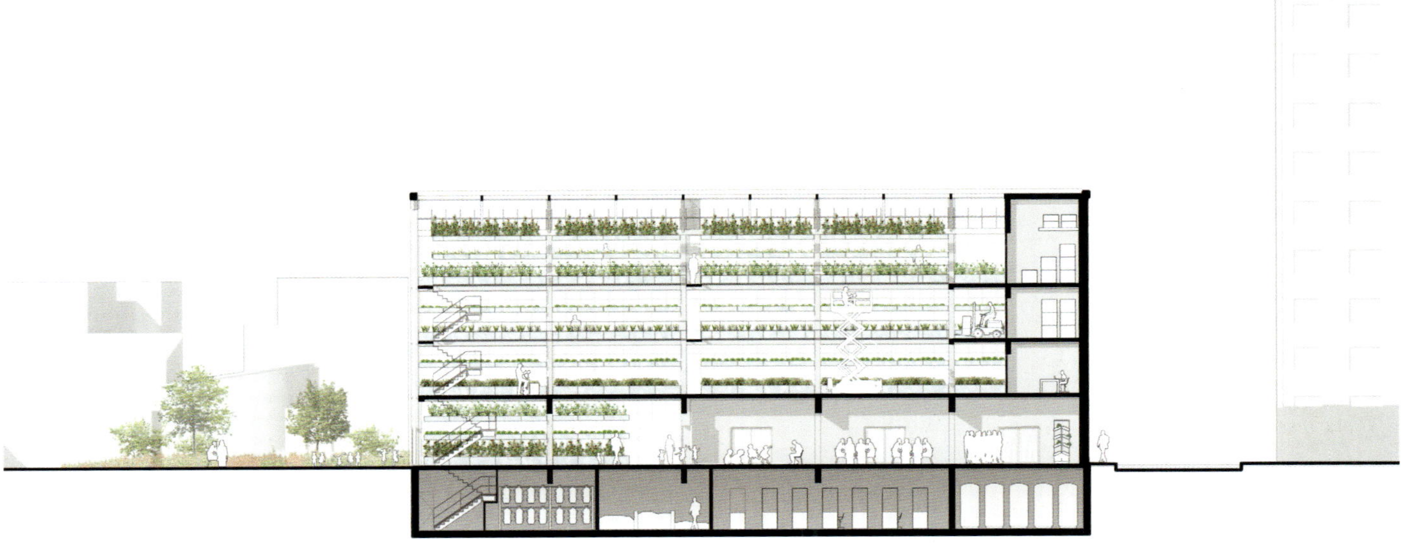

Cité Maraîchère, Romainville, Frankreich, 2021

NEU ERFINDEN DURCH UMWANDELN

Zu den unterschätzten Kernkonzepten der nachhaltigen Architektur zählt die Wiederverwendung historischer Bauwerke. In der Regel bestanden Architekturbüros und Bauträger auf völlig neuen Bauten, statt bestehende neu zu durchdenken. In den letzten Jahren lässt sich hier ein Umdenken feststellen. Es erklärt sich aus einem neuen Verantwortungsbewusstsein, aber auch aus dem Entstehen einer ganz besonderen Ästhetik. Die Umgestaltung alter, oft im Verfall begriffener Gebäude ist mittlerweile ein weltweit wahrnehmbarer Trend. Der Respekt vor dem historischen Erbe und die äußerst kreativen Ansätze zeitgenössischer Architekt:innen, die Schönheit alter Bauwerke mit zeitgemäßer Ausstattung und modernem Komfort zu verbinden, führten zu zahlreichen inspirierenden Ergebnissen. In einigen Fällen gelang es, eine visuell beeindruckende Harmonie zu erzielen, in anderen wurden die dynamischen Beziehungen von Alt und Neu durch augenfällige Unterschiede hervorgehoben.

Historische Bauten lassen sich nicht nur in städtischen, sondern auch in ländlichen Kontexten erfolgreich »recyceln«, wobei abgelegene Orte besonders einfallsreiche Lösungen erfordern.

Bei der Erhaltung von Originalbauten zögert die zeitgenössische Architektur keineswegs, die neuesten Technologien einzusetzen. Jahrhundertealte verfallende Häuser kann man, mit viel Sinn für die historische Bausubstanz, in einer Weise ausstatten, die sie energetisch autark und umweltfreundlich macht. Interessante Dialoge zwischen Alt und Neu üben eine transformierende und belebende Kraft auf den Kontext des Bauwerks aus, was eine einzigartige Erfahrung für die Menschen ist. Das größte Verdienst einer derartigen Umgestaltung ist der Erhalt des architektonischen Erbes und – ganz im Sinne der Nachhaltigkeit – eine erhebliche Reduzierung des Baugeschehens.

Amelia Tavella

»Ich habe auf Korsika immer so gebaut – wie ein Archäologe, der zusammenbringt, was war, was ist und was geschehen wird. Ich entferne nicht, ich hänge, binde, befestige und verschiebe, und dabei stütze ich mich auf den ursprünglichen Grund, auf das ursprüngliche Werk.«

Das Kloster Saint-François in Sainte-Lucie-de-Tallano auf Korsika, eines der ausgewählten Projekte für den EU Mies van der Rohe Award 2024, ist eine der jüngsten Realisationen des französischen Büros Amelia Tavella. Der beeindruckende, teilweise in Ruinen liegende Komplex war ursprünglich eine Burg, 1480 wurde daraus ein Sakralbau. Mit Sorgfalt zu neuem Leben erweckt wurde er nun von Amelia Tavella. Die Architektin ist dafür bekannt, dass sie das kulturelle Erbe existierender Stätten respektiert und ihre Projekte so entwirft, dass sie sich in ihre Umgebung geschickt einfügen. Klöster zu restaurieren und »die Vergangenheit wiederzubeleben, ohne sie zu verraten«, ist für sie eine Herausforderung. Dabei zeigt ihre Arbeit, wie man mit durchdachten Entscheidungen jahrhundertealten Orten eine interessante moderne Note verleihen kann. Tavella enthüllt die Seele des Ortes auf originelle Weise. »Ich habe mich dafür entschieden, die Ruinen zu erhalten und den verfallenen ›gespenstischen‹ Teil durch eine neue Kupferkonstruktion zu ersetzen, die als Anlaufstelle für Bürger:innen in administrativen Angelegenheiten dient«, erklärt sie. Das Volumen des Anbaus aus durchbrochenem Kupfer, das wie Buntglasfenster die Lichtstrahlen filtert, ist sehr auffällig, dominiert aber nicht die historischen Elemente. Im Gegenteil, das unorthodoxe Material wirkt wie ein neutraler Hintergrund, der das alte Mauerwerk zum Sprechen bringt. Die visuelle Wirkung ist nicht nur aufgrund der Größe gegeben, sondern auch dank der spektakulären Lage – inmitten einer Berglandschaft mit Blick auf ein malerisches Dorf.

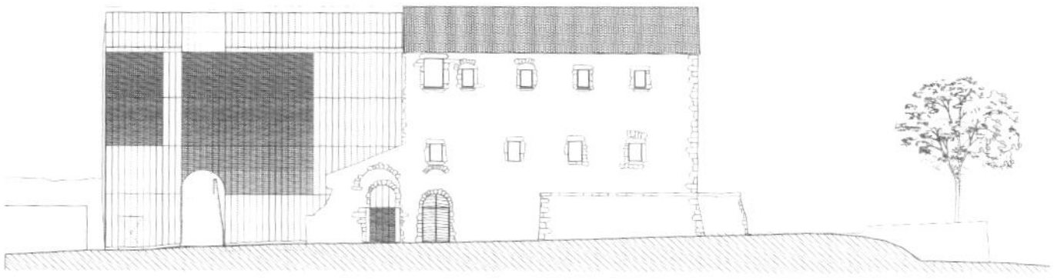

Kloster Saint-François, Sainte-Lucie-de-Tallano, Korsika, Frankreich, 2022

Respektvolle Begegnung von Vergangenheit und Moderne

Die Ruinen dieses historischen Monuments bildeten den Ausgangspunkt für die Architektin – die Erinnerung an den Ort inspirierte bei der Wahl der Sanierungsmaßnahmen. Tavella plante einen Körper, der den fehlenden Teil der Struktur ersetzen sollte (die Umrisse interpretieren buchstäblich die vorher bestehende Form). Sie machte das auf sehr stilvolle Weise, ging aber nicht weiter: Das ursprüngliche Bauwerk wurde weder verändert noch durch Anbauten ergänzt. Damit geht sie auch respektvoll mit der umgebenden Natur um – das seit Langem verlassene Kloster wurde wiedergeboren, ohne dass überflüssige, die intakte Umgebung störende Elemente hinzukamen.
Die Schönheit der korsischen Natur ist eine der Hauptinspirationen der Architektin. Ihrer Meinung nach sollten Natur und Architektur in einem Zwiegespräch verschmelzen.

Im Gebäude selbst begegnen sich Vergangenheit und Gegenwart, Geschichte und Moderne in einem harmonischen Dialog, trotz der großen Unterschiede in den Materialien. Einerseits wird deutlich, dass die beiden Teile verschiedenen Epochen angehören, andererseits ist ihre Koexistenz natürlich. Tavella betont, wie wenig invasiv ihr Eingriff ist: »Mir gefiel die Idee einer möglichen Rückkehr zur Ruine, dass man das Kupfer wieder wegmachen könnte – diese Möglichkeit ist eine Reverenz, eine Respektbezeugung gegenüber der Vergangenheit, dem korsischen Erbe.« Der Schlüssel zu einer derart großartigen Restaurierung liegt in der einfühlsamen Art, in der die Architektin das Andenken des Ortes liest und seinen Spuren folgt. Auch arbeitet sie gerne mit lokalen Handwerkern zusammen, deren Fähigkeiten die Details und Formen ihrer Entwürfe kunstvoll ergänzen.

AMELIA TAVELLA

Amelia Tavella gründete ihr Büro 2007 in Aix-en-Provence. Ihr äußerst vielfältiges Portfolio umfasst Sanierungen alter Architektur, Umbauten, Neubauten, insbesondere Bildungsprojekte, aber auch die Gestaltung von Stadtlandschaften. Tavella ist bekannt für ihr außergewöhnliches Gespür für Materialien wie Stein, Kupfer und Holz, die sie einsetzt, um die Quintessenz eines Projekts zum Ausdruck zu bringen. Dies zeigt sich besonders bei Restaurierungen, die sie mit großem Respekt vor der Vergangenheit realisiert. Tavella wurde auf der Insel Korsika geboren, deren Natur und Geist sie nach wie vor inspirieren und auf der sie an zahlreichen Projekten arbeitet.

Kloster Saint-François, Sainte-Lucie-de-Tallano, Korsika, Frankreich, 2022

Studioninedots

»Kreislaufwirtschaft als Chance erkennen.«

360 Degrees, von seinen Architekt:innen als »skulpturales Symbol der Wiederverwendung« bezeichnet, ist ein außergewöhnliches Baugebilde. Es umfasst 110 Wohnungen, Gewerbeflächen, ein Parkhaus und einen gemeinsamen Steg zum Wasser. Als Teil der neuen Flussuferlandschaft in einem ehemaligen Industriegebiet ist es das größte und höchste Bauwerk des Viertels, das zudem durch seine markante Form eine starke Präsenz besitzt. Da das Team ein robustes und zugleich freundliches Erscheinungsbild anstrebte, entschied es sich für zwei getrennte Türme, deren Herauswachsen aus einer kaskadenförmigen Basis durch den Farbverlauf der Fassade noch unterstrichen wird. Zur Dynamik dieser Baukörper tragen auch die vergrößerten Fensteröffnungen in den oberen Etagen und die zahlreichen Balkone und Außenbereiche bei. Die ungewöhnliche Form mildert die Größe ab und schafft eine harmonische Beziehung zu den wesentlich niedrigeren Gebäuden der Umgebung. Um 360 Degrees erfolgreich zu integrieren, widmete das Team dem bestehenden Kontext besondere Aufmerksamkeit und stimmte seine Vision ganz bewusst auf die Revitalisierung des Viertels ab. »Wir haben uns das Ziel gesetzt, ein allen Seiten zugewandtes Wohngebäude zu entwerfen, das aus jedem Blickwinkel einen anderen Ausdruck hat und auf die unterschiedlichen Nachbarschaften des Gebiets reagiert«, erklärt das Studio. Im Erdgeschoss öffnet sich der Bau zur Straßenseite mit Einzelhandels- und Gastronomiebereichen.

360 Degrees, Amsterdam, Niederlande, 2023

Drei Säulen – Flexibilität, Kreislaufwirtschaft und soziale Nachhaltigkeit

360 Degrees ist ein wichtiger Teil des nachhaltigen Stadtkonzepts für Amsterdam Nord, ein sich am Wasser erstreckendes Industriegebiet, das eine umfassende, dem Kreislaufprinzip verpflichtete Umwandlung in ein Wohngebiet erfährt. Die versetzt angeordneten Baukörper wurden in einem experimentellen Prozess errichtet, der Nachhaltigkeit zum Designwerkzeug macht. Studioninedots entwickelte mit dem Unternehmen FRONT® (formerly StoneCycling), das sich auf die Herstellung hochwertiger und ästhetischer Baumaterialien aus Abfällen spezialisiert hat, die Produktlinie WasteBasedBricks®. Die Idee ist, mithilfe modernster Technologien und umfassender Forschung Hochleistungsziegel aus ausgewählten Bauabfällen herzustellen. 360 Degrees besteht aus mehr als 152 Tonnen wiederverwendetem Abbruchmaterial, was eine 100-prozentig nachhaltige Fassade ergibt. Am erstaunlichsten ist die ästhetische Seite des Projekts – die Ziegel sind nicht nur ein hervorragendes Material, sondern tragen auch zum eleganten Aussehen des Bauwerks bei. Das durch die Farbpalette verstärkte Spiel der dynamischen Formen ergänzte Studioninedots durch Textur, indem man einige der Bausteine im Inneren des Gebäudes durchbrochen anbrachte und auf diese Weise als Bauabfall kenntlich machte. Zwar wurden viele Elemente des Bauwerks mit traditionellen Methoden und Materialien wie Beton hergestellt, trotzdem fanden in beachtlichem Ausmaß upgecycelte Materialien Verwendung. Ständig verbesserte Technologien führen zu effizienten Kreislaufprozessen – Materialien aus Bauabfällen sind weiterverwendbar, ohne dass der ästhetische Aspekt darunter leidet. Studioninedots sorgte dafür, dass das Projekt sozial nachhaltige und qualitativ hochwertige Wohnbereiche in sämtlichen Baukörpern bietet – mit unbehinderten Ausblicken, geräumigen Außenbereichen oder Dachgärten, sonnigen Ausrichtungen und vom Tageslicht erhellten Innenräumen.

360 Degrees, Amsterdam, Niederlande, 2023

STUDIONINEDOTS

Studioninedots, in Amsterdam ansässig, entwirft Gebäude verschiedener Größe und unterschiedlichen Typs, arbeitet aber auch auf den Gebieten Innenarchitektur und Stadtplanung. Das Büro wurde 2011 von Albert Herder, Vincent van der Klei und Metin van Zijl gegründet. Seine auf die Schaffung unkonventioneller Räume abzielende Tätigkeit ist auf mehreren zentralen Ebenen nachhaltig. Als interessanteste Herausforderung sieht das Studio die Reaktivierung und Transformation komplexer urbaner Orte an. Es versucht, kollektives und dem Kreislaufprinzip verpflichtetes Leben zu fördern. Die Projekte werden sorgfältig für ihren Kontext geplant, sie zu definieren ist jedoch Sache der zukünftigen Nutzer:innen. In der Überzeugung, dass Architektur das menschliche Verhalten und das tägliche Leben positiv beeinflussen kann, konzentrieren sich die Architekt:innen auf Gemeinschaftsbereiche, die soziale Interaktionen erleichtern.

Mad arkitekter

»Durch seine Bedeutung für kontextuelle Identität und Geschichte ist der Erhalt von Gebäuden ein wichtiger Beitrag zu einer nachhaltigeren Gesellschaft.«

Bei der ständigen Suche nach Antworten auf die Frage, wie man Architektur gestalten und mit Fachwissen und Standortentwicklung den klimatischen und gesellschaftlichen Herausforderungen noch besser begegnen könnte, scheint das norwegische Büro Mad arkitekter eine ganz klare Lösung gefunden zu haben: Es spielt eine führende Rolle bei der Arbeit mit recycelten Materialien und realisiert Umnutzungen alter Gebäude unter Verwendung von Elementen aus anderen, manchmal sogar denselben Gebäuden, die sich nach sorgfältiger Renovierung erneut verbauen lassen. Dieser doppelte Kreislauf demonstriert die Möglichkeiten des Recyclings von Bauelementen, die nicht minder beeindruckend sind als seine ästhetischen Resultate. Eines der eindrucksvollsten Beispiele ist das aus den 1950er-Jahren stammende und nunmehr hochinnovative Bürogebäude Kristian Augusts Gate 13 in Oslo. Vor dem Abriss bewahrt, wurde es in einen lebendigen Arbeitsbereich verwandelt (im Verein mit einem achtstöckigen Anbau, dessen Stahlkonstruktion und Fassaden ebenfalls aus wiederverwendeten, von verschiedenen Baustellen in ganz Norwegen stammenden Elementen bestehen). Der Bau blieb ein Bürogebäude, allerdings mit einer modernen Note, mit Fahrradparkplätzen im Untergeschoss, Dachterrassen und zahlreichen Gemeinschaftsbereichen. Das Team meisterte Schwierigkeiten wie die Mitte des letzten Jahrhunderts üblichen niedrigen Geschosshöhen, indem es innere, über mehrere Etagen führende Öffnungen vorsah, die zur Entstehung großzügiger Räume, wirksamer Durchlüftung und Erhellung durch natürliches Licht beitragen.

Kristian Augusts Gate 13, Oslo, Norwegen, 2020

Beispielhafte nachhaltige Renovierung

Mad arkitekter zufolge ist ein derart umfangreiches Recycling einzelner Bauteile ein sehr komplexer Prozess, da es noch kein System zur Qualifizierung von Baumaterialien für die Wiederverwendung gibt. Das bedeutet, dass jedes Bauteil von einem interdisziplinären Team nach einer Vielzahl von Gesichtspunkten bewertet werden muss – von den Kosten über die Lebensdauer bis hin zu funktionalen und ästhetischen Aspekten. Auch wenn die Materialien genehmigt waren, mussten sie für den Einbau speziell vorbereitet werden.

Wiederverwendet wurden Betonbodenplatten aus einem alten Amtsgebäude, Stahlkonstruktionen aus Lagerhallen und Geländer aus einer alten Schwimmhalle. Die Platten der Fassadenverkleidung stammen aus dem 35 Jahre alten Gebäude einer Wohnungsbaugesellschaft. Interessanterweise verleihen diese sorgfältig der neuen Verwendung angepassten Platten dem Bauwerk einen modernen Touch. Einige Elemente wie alte Heizkörper, Türen und sogar Möbel gehörten zum ursprünglichen Bau und wurden sorgfältig restauriert.

Kristian Augusts Gate 13, Oslo, Norwegen, 2020

Ein anderes, noch in Arbeit befindliches Projekt zeigt, dass selbst gut konzipierte und preisgekrönte Gebäude, die in den letzten Jahrzehnten errichtet wurden, ein Upgrade vertragen, um neue technische Lösungen einzuführen und die Klimabilanz zu verbessern. Das siebenstöckige Grev-Wedels-Gebäude (mit drei zusätzlichen Untergeschossen), in dem früher u. a. das Astrup-Fearnley-Museum untergebracht war, wurde umfassend umgestaltet, um es flexibler und umweltfreundlicher zu machen. Die Planer:innen behielten viele vorteilhafte Eigenschaften des ursprünglichen Baus bei, fügten aber neue Elemente hinzu, wie z. B. eine breite Treppe mit Stufen aus recyceltem Terrazzo. Außerdem verwendeten sie Fliesen, Marmor, Waschbecken, Toiletten, Glasbausteine und Schächte aus anderen Gebäuden und Abbruchprojekten in der Stadt. Dank der das gesamte Dach bedeckenden Solarpaneele und der in das geräumige Glasatrium eingebauten Solarzellen deckt das Gebäude seinen gesamten Energiebedarf selbst. Der Erhalt der beiden Bauwerke zeigt, wie Architektur lokale Identitäten nachhaltig verändern und gleichzeitig bereichern kann.

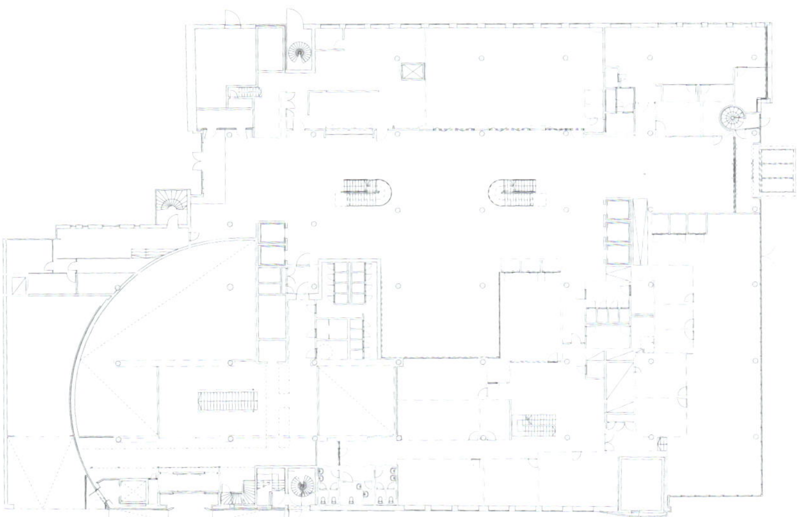

Grev Wedels Plass 9, Oslo, Norwegen, 2024

MAD ARKITEKTER

Das norwegische Büro Mad arkitekter, früher Modern Architecture and Design genannt, wurde 1997 von den Architekten Kurt Singstad, Trond Elverum und Nicolai Riise gegründet. In der festen Überzeugung, zu einem positiven und nachhaltigen sozialen Wandel beizutragen, sind sie stolz darauf, Entwürfe auf die lokale Umgebung, das Klima und die Natur abzustimmen. Ihren Erfolg erklären sie mit der Tatsache, dass sie ihre Projekte nie als Solitär betrachten, sondern stets im Zusammenhang mit der Stadt, dem Viertel, den Standorten und den die Gebäude nutzenden Menschen. Einen Namen machten sie sich auch durch ihre Arbeit mit wiederverwendbaren und recycelten Materialien.

Grev Wedels Plass 9, Oslo, Norwegen, 2024

Mikhail Riches

»Unser Ansatz war, von der bestehenden Bausubstanz möglichst viel zu erhalten und sie nach den höchsten erreichbaren Standards zu modernisieren.«

Annalie Riches und David Mikhail

Der Anfang der 1960er-Jahre fertiggestellte Park Hill wurde im Auftrag des Stadtrats von Sheffield als in sich geschlossenes Wohnviertel errichtet. Der brutalistische Wohnblock verfiel im Lauf der Jahrzehnte, vor dem Abriss bewahrte ihn nur, dass man ihn 1998 unter Denkmalschutz stellte (womit er zum größten denkmalgeschützten Bauwerk Europas wurde). Mit Phase 2 seiner Sanierung wurden Mikhail Riches betraut. Von 2017 bis 2022 durchgeführt, stellt sie eine sinnvolle und nuancierte Umgestaltung dar, die dem Bauwerk Nachhaltigkeit verleiht und zugleich seine historische Substanz würdigt. Die Idee war von Anfang an, den modernistischen Riesenbau in einem möglichst ursprünglichen Zustand zu erhalten. Größere Abrisse betrafen lediglich die Umrahmung der Eingangsbereiche, außerdem wurden einige Wohnungen entfernt, um neue und doppelt so hohe Eingangshallen zu schaffen. Das Tragwerk und das vorhandene Mauerwerk wurden wiederverwendet. Neben der Restaurierung des Baus erfolgten eine Verbesserung seiner Langlebigkeit und eine Umstellung auf vollelektrische Energieversorgung unter Einsatz von Ökostrom. Da vom ursprünglichen Komplex nur wenige Konstruktionszeichnungen existierten, begannen die Arbeiten mit sorgfältigen Strukturvermessungen und der Erstellung eines thermischen Modells. »Wir führten eine hygrothermische Risikoanalyse der Außenwand durch, um die optimale thermische Verbesserung bei gleichzeitiger Minderung des Feuchtigkeitsrisikos zu ermitteln.«

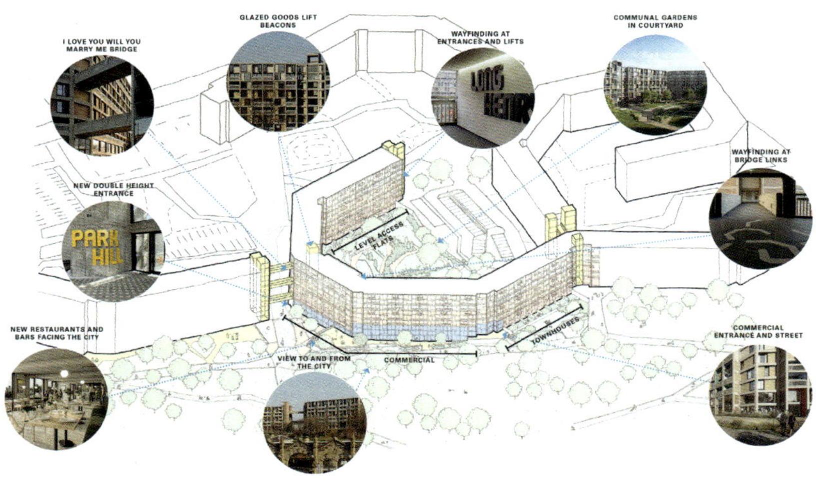

Park Hill, Phase 2, Sheffield, England, Großbritannien, 2022

Ein Gebäude, das effizienter und angenehmer zu bewohnen ist.

Das Projekt brachte zwei große Herausforderungen mit sich. Die Erste war das Anbringen der Dämmung. Das starre Betongerüst der Fassade bildete eine Kältebrücke. Da der Bau aufgrund der Denkmalschutzvorgaben außen keine Verkleidung erhalten durfte, musste diese in den Wohnungen angebracht werden, sodass sämtliche Räume mit isolierten Böden und Decken versehen wurden. Außerdem zog man neue Fenster ein, deren Rahmen versetzt wurden, was ermöglichte, die Balkonwände und -decken mit farbigen Platten zu isolieren. Aluminium-Laibungen sorgten für Tiefe in der Fassade und einen gewissen Sonnenschutz. Diese Lösung harmoniert sehr gut mit den sanierten Ziegelwänden.

Die zweite große Herausforderung war die sehr spezifische Gestaltung der Innenräume. Um einen modernen Wohnstil zu ermöglichen und angenehme Räume zu schaffen, beschloss man, die Grundrisse durch Einreißen der Wände neu zu gestalten. Mit großzügigen, offenen Grundrissen und doppelbreiten Balkonen wurden die fast 200 Wohnungen trotz der geringen Raumhöhe wesentlich einladender. Da sich das unregelmäßige Erdgeschoss dem steil abfallenden Gelände anpasst, ergaben sich bei den Wohnungen rund 40 verschiedene Anordnungen. Diese internen Eingriffe beeinflussten jedoch weder die Kernstruktur noch das äußere Erscheinungsbild.

Nach der sorgfältigen Umgestaltung besticht das unverwechselbare brutalistische Monument wieder durch seine kraftvolle Präsenz. Statt überflüssiger Zusätze bietet es die Essenz des ursprünglichen Projekts, das verfeinert und ökologisch aufgewertet wurde. Das subtile Spiel der Farbnuancen bricht das massive Volumen auf und verstärkt den Rhythmus, der die massige Erscheinung und die hohe Dichte abmildert. Der Erfolg dieses Umbaus brachte dem Team auch den Auftrag für die Phasen 4 und 5 ein: die Renovierung der übrigen Blöcke des Komplexes und die Einrichtung zusätzlicher Geschäftsräume.

MIKHAIL RICHES

Annalie Riches und David Mikhail gründeten ihr in London ansässiges Studio im Jahr 2015 mit dem klaren Ziel, Wohnungen und ganze Viertel als »inhärent nachhaltige und lebenswerte Orte« zu gestalten. Das Team konzentriert sich auf ökologisch und sozial engagierte Projekte auf den Gebieten Wohnungsbau, Bildung, gemischte Nutzung, Masterplanung, Freizeit und Nachrüstung, die es in ganz Großbritannien realisiert. Nachhaltigkeit ist Teil der DNA seiner Gebäude. »Wir können auf 21 Jahre Erfahrung zurückblicken, in denen wir die Grenzen der nachhaltigen Architektur immer weiter hinausschoben. Wir verfügen über eine besondere Expertise im Umweltdesign, mit der wir natürliche Ressourcen optimieren, um die Leistung eines Gebäudes zu verbessern«, heißt es voll Stolz.

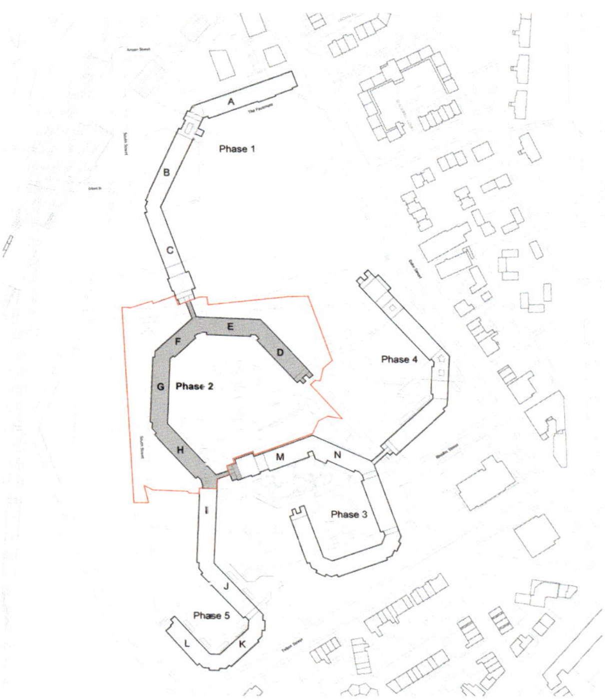

Park Hill, Phase 2, Sheffield, England, Großbritannien, 2022

Office Winhov Van Hoogevest Architecten

»Wir bauen eine nachhaltige Zukunft in der bestehenden Stadt. Manchmal erfordert das die Errichtung eines neuen Gebäudes. Häufiger geht es darum, bestehende Gebäude umzuwidmen.« **Office Winhov**

Für Office Winhov bedeutet Nachhaltigkeit nicht nur den verantwortungsvollen Einsatz von Energie, die Wahl bestimmter Materialien oder die Schonung der Umwelt. Der übergreifende Ansatz lässt es nicht einmal zu, ein Gebäude als eigenständiges Objekt zu betrachten. Man sieht es als Teil seines Kontexts – der Straße, des Viertels, der Stadt –, den man genau zu verstehen versucht. Die Architektur ist auf Dauer angelegt – sie soll eine gemischte Nutzung ermöglichen, aber auch zu Geschichte und Charakter des Ortes beitragen. Diese Philosophie passt genau zu dem kühnen Plan der Gemeinde Den Helder, die ehemalige Königliche Marinewerft Willemsoord zu revitalisieren: Ein mit der maritimen Vergangenheit dieses Gebiets verbundenes und später vernachlässigtes Hafenviertel soll wieder an die Stadt angebunden werden. Die Idee war, zwei historische Gebäude neu zu nutzen: den monumentalen Mastschuppen aus dem 19. Jahrhundert als Rathaus und die aus der Nachkriegszeit stammende Segelmacherwerkstatt als kommunales Verwaltungsgebäude. Um den Anforderungen gerecht zu werden, konzipierte man die Projekte in enger Zusammenarbeit mit den künftigen Nutzer:innen. Gleichzeitig wurden nachhaltige Sanierungsmaßnahmen zur Energieeinsparung eingeplant. Beim Rathaus ging es vor allem um eine optimale Dämmung sowie um Wärme- und Kältespeicherung. Die Segelmacherwerkstatt wurde mithilfe der Solarpaneele auf dem Dach völlig energieneutral gestaltet.

Rathaus, Den Helder, Niederlande, 2023

Eine gelungene Fusion aus Alt und Neu

Das harmonische und stilvolle Zusammenspiel der historischen und zeitgenössischen Elemente springt sofort ins Auge. »Wir glauben an die Eleganz einfacher Lösungen zur Lösung komplexer Probleme«, sagt das Team, dem es gelang, ein perfektes Gleichgewicht zwischen der historischen und der modernen Bausubstanz zu erzielen. Trotz der markanten Eingriffe wird der Charakter der Gebäude weiterhin von ihrer ursprünglichen Struktur bestimmt. Das Rathaus beherbergt einen großzügigen öffentlichen Bereich mit Serviceschaltern, über denen die Holzbalken der Tragkonstruktion beeindrucken. Hinzu kommt ein Sitzungssaal, der durch Dachfenster mit natürlichem Licht versorgt wird. Die elegante, reduzierte Farbpalette des Trauungssaals steht in auffälligem Kontrast zu den im Originalzustand belassenen Wänden und -strukturen. Die gemütliche Cafeteria und die Räume des Begegnungszentrums sind weitere Beispiele für die Rolle des Lichts, das für das Ambiente sorgt und zudem die unterschiedlichen Texturen zur Geltung bringt. Die Fassaden der ehemaligen Segelmacherwerkstatt wurden durch rotbraune Fensterrahmen optisch verändert. Entlang der Fensterreihe planten die Architekt:innen 250 flexible Arbeitsplätze mit Panoramablick auf die Werft. Das Rückgrat des Gebäudes bildet weiterhin sein faszinierendes Betontragwerk. Es umrahmt einen drei Stockwerke umfassenden Innenraum mit Gemeinschaftseinrichtungen und Beratungsbereichen. Das Gebäude ist nach wie vor ein integraler Teil von Willemsoord, dominiert seine Umgebung jedoch durch seine augenfällige neue Präsenz. Dank der umsichtigen und ganzheitlichen Denkweise des Studios hinsichtlich Nachhaltigkeit und seines Gefühls für kontextuelle Anpassung wird sich dieses Projekt ohne Zweifel bewähren und als Beispiel für die lebendige Zukunft von Den Helder zur weiteren Entwicklung des Werftviertels beitragen.

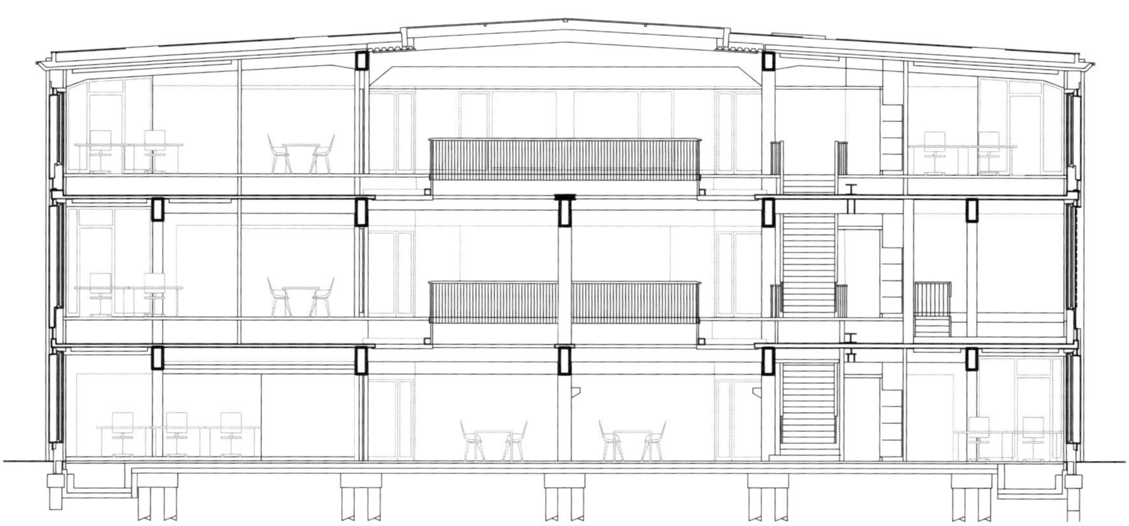

OFFICE WINHOV

Das in Amsterdam ansässige und weltweit tätige Office Winhov wurde von den Partnern Uri Gilad, Jan Peter Wingender und dem inzwischen verstorbenen Joost Hovenier gegründet. Anfangs konzentrierte sich das Büro auf Projekte in den Niederlanden, heute arbeitet das 25-köpfige Team an einem breiten Projektspektrum in der ganzen Welt – von Privathäusern über Bauwerke mit Mischnutzung bis hin zu hochwertigen öffentlichen Gebäuden. Das Highlight in seinem beeindruckenden Portfolio sind die Umwidmungen bestehender Bauten, bei denen es sich oft um denkmalgeschützte Gebäude handelt. Die Entwürfe zeichnen sich durch sensible Einbindung in den Kontext und sorgfältige Auswahl der Materialien aus. »Wir bemühen uns, ein Gleichgewicht zwischen Einfachheit und Raffinesse zu erreichen«, lautet die Devise des Hauses.

VAN HOOGEVEST ARCHITECTEN

Das 1909 gegründete Architekturbüro Van Hoogevest Architecten hat sich auf den Entwurf von Schulen und die Restaurierung von denkmalgeschützten Gebäuden spezialisiert. »Die Arbeit für die Erhaltung des niederländischen Kulturerbes ist zu unserem Kerngeschäft geworden.« Das multidisziplinäre Team des Büros, das sich stets um das Gleichgewicht zwischen Konservierung und Renovierung bemüht, führt für jeden Standort, an dem es arbeitet, gründliche Untersuchungen durch, wobei es sich insbesondere auf Fragen der Nachhaltigkeit konzentriert. Ziel ist es, alten Gebäuden unter Berücksichtigung der Besonderheiten ihrer Umgebung wieder zu ihrem alten Glanz zu verhelfen. Van Hoogevest Architecten beschreibt diesen Ansatz als »durchdachte Kreativität«.

Rathaus, Den Helder, Niederlande, 2023

Ann Nisbet Studio

»Unsere Arbeit ist geprägt von der Landschaft, der lokalen Geschichte und dem Kontext, dem Klima und den Menschen.«

Ann Nisbet und ihr Team arbeiten in Schottland und ganz Großbritannien, wobei sie auf individuelle Häuser und Gemeinschaftsprojekte in ländlichen Gegenden spezialisiert sind. »Wir haben in ganz Schottland und auf den Inseln gearbeitet, unter anderem auf der Isle of Skye, der Isle of Coll, der Isle of Tiree, Arran, Harris und Lewis«, erklärt die Architektin. »Dadurch verfügen wir über besondere Kenntnisse der Anforderungen und der Logistik bei der Planung und dem Bau von Gebäuden in ländlichen Gebieten und auf Inseln«, fügt sie hinzu. Diese spezifische Aufgabe erfordert ein ausgeprägtes Verständnis des Kontexts, damit das Gebäude Teil der Landschaft wird, manchmal sogar im wahrsten Sinne des Wortes. Beim Projekt Cuddymoss, das Nisbet als »Haus für einen Vogelbeobachter« bezeichnet, erhält dieser Ansatz eine besondere Dimension, da die Architektin hier einen verfallenen Bau inmitten der malerischen Landschaft Ayrshires mit ihrem zeitgenössischen Vokabular umgestaltet hat. Sie verlieh dem aus Stein und Ziegeln errichteten und zuletzt noch als Kuhstall genutzten Bau neues Leben in seinen ursprünglichen Mauern und durch einen modernen Anbau. Die Wärme und die weiche Textur des verwendeten Holzes bewirken eine faszinierende Verschmelzung von Alt und Neu. Nisbet bezeichnet ihre Entscheidungen als unaufgeregte, ehrliche und zurückhaltende Eingriffe. In der Tat zeigt die Methode des »Bauens in einer Ruine« eine subtile Rücksichtnahme auf die vorhandenen, bis ins frühe 19. Jahrhundert zurückreichenden Elemente und die unberührte natürliche Umgebung.

Cuddymoss, Ayrshire, Schottland, Großbritannien, 2023

Altmodische Einfachheit, moderner Komfort

Ausgangspunkt des Entwurfsprojekts waren vier Außenmauern aus Stein, eine Betonplatte, zwei Ziegelmauern im Stall und eine innere Trennwand aus Stein. Diese Überreste wurden sorgfältig dokumentiert und vermessen, um die Entwicklung des Baus im Lauf der Jahrzehnte bis zu den jüngsten Umbauten mit Ayrshire-Ziegeln zu verstehen. Ein Vergrößerungskonzept inspirierte den Sanierungsprozess. Die Architektin beschloss, in die bestehende Struktur einen Bau in Holzrahmenbauweise einzufügen (mit vorheriger Reparatur der Stein- und Ziegelfassaden). Eine der augenfälligsten Folgen dieses Eingriffs sind die Fenster. Von den ursprünglichen Maueröffnungen zurückgesetzt, betonen sie durch die Tiefe der dadurch entstandenen Laibungen das moderne Implantat. Der in Holz ausgeführte Anbau wurde auf kreative Weise quer zur Ruine angeordnet, um das Haus mit der Landschaft zu verbinden. Für die Kohärenz der beiden Baukörper sorgen die Satteldächer, die neutrale Farbpalette und das Spiel der Texturen, die den Bau noch stärker mit der Natur verschmelzen. Der alte und der angebaute Teil sind durch einen Glasdurchgang verbunden. Er wurde von Nisbet als Aussichtspunkt konzipiert, der es erlaubt, die Ausblicke auf die umliegende Landschaft zu genießen. Im Hinblick auf die Energieeffizienz bestand das Hauptziel aus gut isolierten Wänden, unterstützt durch dreifach verglaste Fenster, die durch ihre großzügigen Dimensionen die Landschaft an die Innenräume binden. Heizung und Belüftung erfolgen über eine Erdwärmepumpe bzw. eine mechanische Lüftung mit Wärmerückgewinnung, die Wasserversorgung erfolgt über einen privaten Brunnen. Dank dieser nachhaltigen Lösungen und natürlichen Materialien ist der neu entstandene Bau sowohl an die Ruine als auch an die Umgebung angepasst und bietet zudem einen hohen Lebensstandard.

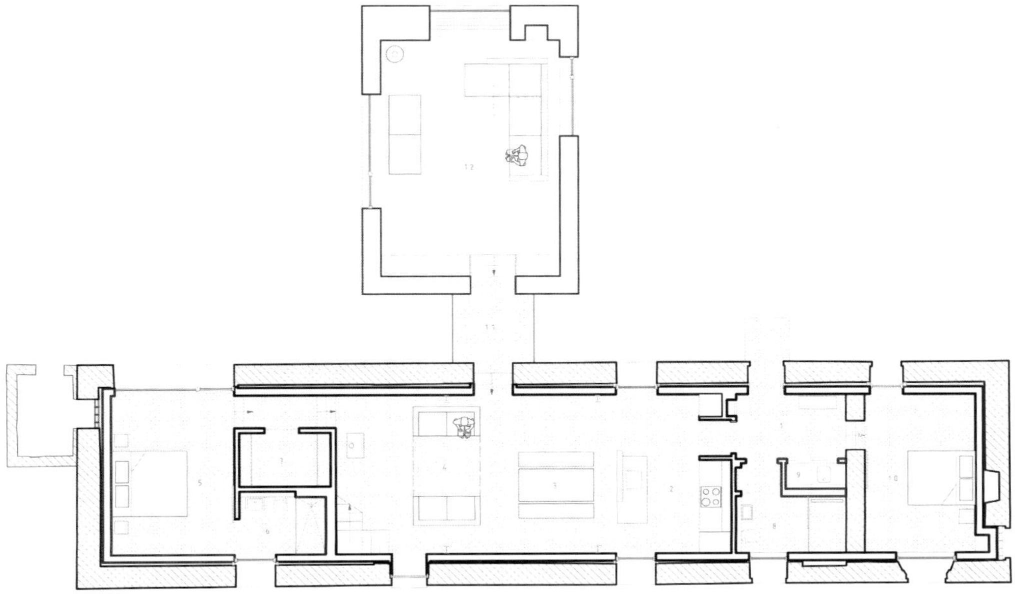

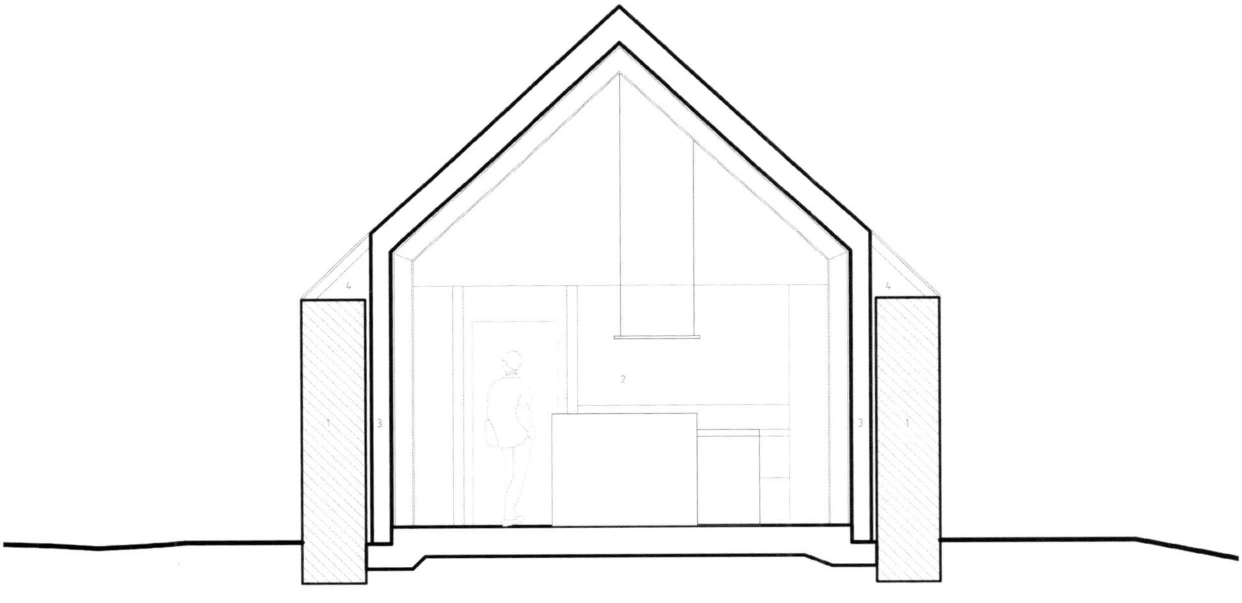

Cuddymoss, Ayrshire, Schottland, Großbritannien, 2023

ANN NISBET

Nachdem die schottische Architektin Ann Nisbet für Architekturbüros in Kanada und auf der Isle of Skye gearbeitet hatte, wo sie Erfahrungen mit ländlichen Wohn- und Gemeinschaftsprojekten sammelte, gründete sie 2013 in Glasgow ihr inzwischen preisgekröntes Architektur- und Designstudio, das sich auf Wohnarchitektur konzentriert hat. Viele seiner Realisationen zeichnen sich durch ein ausgeprägtes Gespür für Materialien und Verständnis für den Kontext aus, was besonders bei restaurierten Gebäuden in natürlicher Umgebung deutlich wird. Im Jahr 2021 wurde Nisbet in die Royal Scottish Academy aufgenommen.

Domino
SUGAR
HAVEMEYERS & ELDER.
325KENT

PAU | Practice for Architecture and Urbanism

»Was wirklich zählte, waren die Idee des Palimpsests und das Einbeziehen dessen, was auf dem Standort vorhanden war, ohne sich sklavisch an die Geschichte zu klammern.« **Ruchika Modi**

Eine adaptive Wiederverwendung kann eine ziemliche Herausforderung sein, wenn von einem historischen Gebäude nur noch die Hülle besteht, so auch bei der ikonischen Domino Sugar Refinery, die im 19. Jahrhundert von Theodore A. Havemeyer erbaut wurde und seitdem den Brooklyn Navy Yard prägt. Der Grund für die Ausmaße dieses Industriebaus war praktischer Natur, da das Herauslaugen, die Filterung und Veredelung des Zuckers viel Platz und große Geräte erforderten. Die Teams von PAU beschlossen, dieses besondere Projekt auf ungewöhnliche Weise anzugehen und den Bau nicht neu zu errichten, da ein Abriss sicherlich zu Diskussionen geführt

Domino Sugar Refinery, New York, New York, USA, 2023

hätte. Stattdessen wurde in die historische Hülle ein Neubau eingebettet, wobei zwischen dem alten und dem neuen Bau ein Spalt freigelassen wurde, der für die Pflanzung von Vegetation genutzt wurde. Die historischen Mauern mit ihren zahlreichen rhythmisch angeordneten Öffnungen wurden gesäubert und dienen nun als Hauptlichtquelle und natürlich der Aussicht. Ein großer Vorteil dieser innovativen Lösung war die Freiheit bei der Planung der Geschosshöhen und der Grundrisse. Da es auf den einzelnen Etagen keine Trennwände gibt, können die Mieter:innen die großzügigen, von Bogenfenstern eingerahmten Ausblicke uneingeschränkt genießen. Die Fenster im Erdgeschoss wurden in Türen umgewandelt, um die Innenräume zur Umgebung zu öffnen, Passanten einzuladen und das Gebäude mit dem wiederbelebten Hafenviertel zu verbinden.

Das neue Leben des Wahrzeichens

Der Masterplan des Studiogründers Vishaan Chakrabarti sah eine Mischung aus kreativen Büroräumen, preisgünstigen und erschwinglichen Wohnungen sowie lokalen Einzelhandels- und Gemeinschaftseinrichtungen vor. Das monumentale Ausmaß der historischen Hülle, zusätzlich hervorgehoben durch die Reihen der die Fassade durchbrechenden und das Licht filternden Fenster, wird durch das gigantische Tonnengewölbe über dem neuen Bürogebäude geschickt ausgeglichen. Mit der hohen gewölbten Glasdecke eignet sich dieser Raum perfekt für Veranstaltungen. Je nach Bedarf (von Banketten über Modeschauen bis hin zu Konzerten) kann er durch eine große schwenkbare Wand unterteilt werden, sodass maximale Flexibilität gewährleistet ist. Das beeindruckende

Domino Sugar Refinery, New York, New York, USA, 2023

Gewölbe bietet außerdem einen 360-Grad-Blick auf Manhattan, den East River und Nord-Brooklyn. Ein interessanter Effekt des ultramodernen Flairs dieses gläsernen »Einsatzes« ist auch, dass er in eine Art Dialog mit den umliegenden modernen Gebäuden eintritt und auf diese Weise eine Verbindung zwischen dem Erbe des Hafenviertels und der heutigen Architektur schafft. Der ikonische Backsteinriese wird von einem hohen, schlanken Schornstein gekrönt, der stolz an die glorreiche industrielle Vergangenheit des Baus erinnert. Diese kühne Realisation ist in jeder Hinsicht ein Erfolg. Der 150 Jahre alte Hauptsitz der Domino-Zuckerraffinerie ist Teil des Hafenviertels geblieben und bietet als neu gestaltetes Gebäude komfortable und flexible Büroräume.

PAU | PRACTICE FOR ARCHITECTURE AND URBANISM

Das in New York ansässige Studio PAU | Practice for Architecture and Urbanism wird von seinem Gründer und Kreativdirektor Vishaan Chakrabarti und Ruchika Modi als Bürochefin geleitet. Ihr 30-köpfiges Team widmet sich »der Förderung nachhaltiger, gerechter und lebensfroher Städte« und strebt dabei nach »wirkungsvollem Design«. Die Bandbreite an Größenordnungen in seinem Portfolio ergab sich nicht zufällig. Das Büro bevorzugt Realisationen mit positiver Wirkung, wie z. B. Projekte im Zusammenhang mit Räumen für die Zukunft von Arbeit und Industrie, gesellschaftliches Engagement, Klima-Innovation, soziales Engagement und fortschrittliche transitorientierte Mischnutzung, um nur einige zu nennen. Abgelehnt werden umweltfeindliche oder ethisch fragwürdige Projekte.

Reed Watts Architects Paddy Dillon

»Wir entwerfen mit Blick auf den gesamten Lebenszyklus eines Gebäudes und passen unseren Ansatz an die Projektbedürfnisse an: Die Ziele sind Langlebigkeit und Um- oder Rückbaufähigkeit, um die während der Lebensdauer des Baus entstehenden Kohlenstoffemissionen und Kosten zu minimieren.« **Reed Watts Architects**

Die Arbeit des Büros wurde von Anfang an durch Umweltfragen bestimmt. Jetzt sieht es seine Priorität darin, nachhaltige Gebäude zu entwerfen, um die Auswirkungen der Bauindustrie auf das Klima zu reduzieren. Es hat sich zur Aufgabe gemacht, die Richtung für eine neue Denkweise vorzugeben und mit seinen Realisationen beispielhafte Lösungen vorzuführen. Bei seinen Projekten steht die Kreislaufwirtschaft im Mittelpunkt, ein Arbeitsfeld, auf dem es sich einen Namen gemacht hat. Grundsätzlich sucht das Büro zuerst nach Möglichkeiten, bestehende Gebäude (einschließlich einzelner Komponenten) anzupassen und wiederzuverwenden. Wenn ein Neubau erforderlich ist, kommen erneuerbare und kohlenstoffarme Materialien zum Einsatz. Diese Philosophie zeigt sich auch bei den unverwechselbaren Roundhouse Works im Londoner Stadtteil Camden Town. Innerhalb eines bestehenden Gebäudekomplexes auf dem Gelände eines ehemaligen Rangierbahnhofs befindet sich ein neues Kreativzentrum für junge Menschen. Der abgerundete, die Straßenecke ausfüllende Bau wurde auf einer viktorianischen Ziegelstützmauer errichtet, die das Gelände an das Niveau der westlich gelegenen Eisenbahnstrecke anpasste. An diese Verbindung zur Eisenbahn erinnert das Material, das für die Verkleidung des Erdgeschosses und des Obergeschosses gewählt wurde.

Roundhouse Works, London, England, Großbritannien, 2023

Industriekultur trifft Handwerkskunst

Die Studios verwendeten alte, genau auf Maß geschnittene Eisenbahnschwellen aus dem britischen Schienennetz, die aus haltbarem australischem Jarrah-Holz hergestellt wurden und somit unbehandelt sind. Diese besondere Außenhaut verleiht dem Gebäude eine faszinierende Patina, die gut zu der viktorianischen Ziegelmauer passt. Das Gespür für Details ist bei diesem ehrgeizigen Projekt offensichtlich, die Wahl des Materials wurde von mehreren Faktoren bestimmt: Es galt, das gebundene CO_2 und die Belastung des Fundaments möglichst gering zu halten und die ästhetischen, finanziellen und Langlebigkeitsanforderungen des Projekts zu erfüllen. Gleichzeitig musste die akustische und brandschutztechnische Trennung der Räume gewährleistet sein. Das beste Mittel zur Erfüllung dieser Anforderungen war der Brettsperrholzrahmen. Die für diese Konstruktion verwendeten, aus nachhaltiger Forstwirtschaft stammenden Bäume entzogen der Atmosphäre während ihrer Lebensdauer mehr als 250 Tonnen CO_2, den Beteiligten zufolge nicht der einzige Vorteil. In vielen Räumen entfielen die sekundären Verkleidungen, sodass die freiliegenden Strukturen den Innenräumen Charakter verleihen. Die durchgängige Verwen-

dung von Holz – von den Bodenplatten und den Innenwänden und der Dachkonstruktion bis hin zur Außenhülle – sorgt für eine kohärente Ästhetik und ist zudem äußerst nachhaltig. Im Erdgeschoss plante das Team Räume mit modernen digitalen Einrichtungen für Proben und Tonaufnahmen sowie einen Seminarraum, Besprechungsräume und bezahlbare Arbeitsplätze für Freiberufler:innen. Im Obergeschoss befinden sich in zwei großen, mit Metall verkleideten Kuben ein Studio mit dreifacher Raumhöhe für aufwendige Aufführungen (und Auftritte von Zirkusartisten) sowie ein akustisch abgedichtetes Musikstudio. Die Metallkuben sind ein visueller Verweis auf die auf dem Gelände lagernden Schiffscontainer. Der Kontrast zwischen den beiden grundverschiedenen Materialien wird durch die ähnliche Textur gemildert. Der Entwurf wurde in Zusammenarbeit mit dem Architekturbüro Paddy Dillon entwickelt.

REED WATTS ARCHITECTS

Das in London ansässige Büro Reed Watts Architects wurde 2015 von Jim Reed und Matt Watts gegründet. Sein Portfolio zeichnet sich durch eine große Bandbreite an Formaten aus – von Pavillons und Häusern bis hin zu öffentlichen und kulturellen Bauten – und umfasst neben denkmalgeschützten Gebäuden auch Naturschutzgebiete und sensible Landschaften. Das Team stellt sich den Herausforderungen dieser Projekte im festen Glauben an den Wert, den bestehende Strukturen im kulturellen Gedächtnis besitzen, und an ihre Bedeutung für eine kohlenstoffarme Zukunft. Reed Watts setzen sich ausdrücklich für Nachhaltigkeit in allen ihren Formen ein – ökologisch, sozial und wirtschaftlich – und sind Unterzeichner des Manifests »UK Architects Declare Climate and Biodiversity Emergency«.

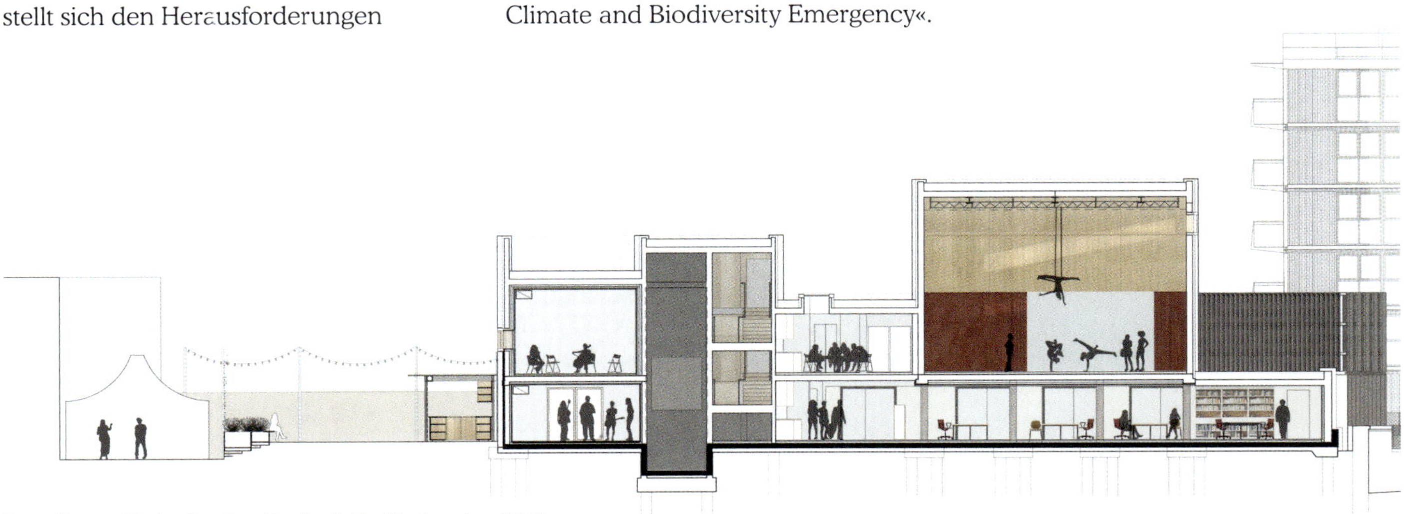

Roundhouse Works, London, England, Großbritannien, 2023

McCullough Mulvin Architects

»Unsere Arbeit basiert auf den Prinzipien der nachhaltigen Gestaltung für den Menschen und dem Respekt vor der materiellen Kultur.«

Die sorgfältigen Renovierungen des irischen Büros an bestehenden Bauten sind von der Achtung vor der materiellen Kultur geprägt, aber auch das Ergebnis der Erforschung und Berücksichtigung des Kontexts, wobei Recherchen in den Archiven und Überlegungen zu den Standortbedingungen kombiniert werden. Oberstes Ziel der Renovierungssprojekte von McCullough Mulvin Architects ist es, »die Materialität der schönen alten Bausubstanz mit angemessenen zeitgenössischen Eingriffen in Einklang zu bringen«. Ihr Projekt, mit dem sie einer Kaserne aus dem 19. Jahrhundert in der Nähe des Dubliner Stadtzentrums zu einem neuen Leben verhalfen, umfasste die Renovierung eines Gebäudekomplexes und seine Umwandlung in ein Militärarchiv und ein Lagergebäude. Die ursprüngliche Anlage umfasste einen Paradeplatz und Kasernengebäude. Um den Gebäuden eine neue Nutzung zu geben, schuf das Team moderne Erweiterungen, ohne den historischen Kontext zu verändern. Dies gilt für die ästhetisch bedingte Wahl harmonischer Materialien und die besondere Farbpalette ebenso wie für die formalen Entscheidungen, die einen jede Art von Dominanz vermeidenden Dialog vorsahen. So notwendig diese Erweiterungen auch waren, um die historischen Bauten neu nutzen zu können, musste doch der einzigartige und spezifische Geist des Ortes unbedingt bewahrt werden. Das Ergebnis ist eine ausbalancierte Lösung ohne überflüssige Elemente, in der Alt und Neu sich stilvoll verbinden.

Militärarchiv und Lager, Cathal Brugha Barracks, Dublin, Irland, 2016/2018

Integration alter Gebäude und neuer Architektur

Das erste der umgenutzten Gebäude dient jetzt als Militärarchiv. Es beherbergt einen klimatisierten Raum für die Lagerung von nicht weniger als 67000 Archivboxen sowie eine neue öffentliche Bibliothek und einen Lesesaal.
Der Bau war ursprünglich ein Krankenhaus aus den Anfangsjahren des Komplexes. Dessen Ästhetik wurde in das neue Backsteingebäude, errichtet aus den alten Steinen und Ziegeln, übernommen. Der monolithische Baukörper wird durch das Spiel der Ziegeltöne an der Fassade belebt und bildet einen markanten Gegensatz zu den mit Holz verkleideten Innenräumen. Der vollständig verglaste und einladend wirkende Eingang bricht den rauen Charakter des Gebäudes auf und verleiht ihm eine moderne Note. Das Studio hebt auch den »neuen, dramatisch gefalteten Innenhof« hervor, der Alt und Neu miteinander verbindet.
Das neue zweigeschossige Heereslagergebäude stimmt im Grundriss mit dem Archivgebäude überein. Optisch sind die beiden Baukörper durch die Außenhülle aus Ziegeln verbunden. »Das neue Gebäude wurde so konzipiert, dass es sich sensibel in die militärischen Bauten des Kasernenkomplexes einfügt«, erklärt das Team, das als weiteres markantes Element die mit auskragenden Oberlichtern gestaltete Dachlandschaft schuf. Dieser zeitgenössische Eingriff nimmt den Rhythmus der benachbarten Gebäude auf und verstärkt die wirkungsvolle Integration von Altbauten und neuer Architektur.

MCCULLOUGH MULVIN ARCHITECTS

Das in Dublin ansässige Büro McCullough Mulvin wurde 1986 von Valerie Mulvin und dem inzwischen verstorbenen Niall McCullough gegründet. Es ist sowohl in Irland als auch international im Bereich der Bildungs-, Kultur-, Gesundheits- und Wohnarchitektur sowie bei der Planung von Büro- und Hotelgebäuden tätig. Seine Neubauten stehen in engem Zusammenhang mit Konservierungsprojekten, die unter Bewahrung des historischen Erbes ein innovatives, zeitgemäßes Design erhalten. Die durchdachte Umgestaltung bestehender Bauten macht die Arbeit Mulvins zu einer durch und durch nachhaltigen Tätigkeit. Darüber hinaus ist sie Verfasserin einer Reihe von Publikationen zur irischen Architekturtradition, die zur Debatte über die Ausrichtung der Architektur in Irland beitrugen.

Militärarchiv und Lager, Cathal Brugha Barracks, Dublin, Irland, 2016/2018

VISIONEN FÜR DIE ZUKUNFT

Im letzten Teil des Buches befassen wir uns mit einigen spannenden Zukunftsvisionen. Dazu zählen viele inspirierende Projekte, die sich in der Ausführungsphase befinden und bei denen nachhaltige Aspekte bereits in die DNA der Gebäude eingeschrieben sind. Die Beteiligten überschreiten immer öfter die Grenzen und legen aus eigener Initiative die Messlatte höher, um zu einem historischen Wandel in Richtung umweltfreundlicheres Bauen beizutragen. Angesichts des Ausmaßes der weltweiten Realisationen wird dies für unsere Zukunft und die unseres Planeten entscheidend sein. Es wird spannend sein, in naher Zukunft die endgültigen Ergebnisse dieser ambitionierten Versuche zu sehen. Die Konzepte sorgen aber bereits jetzt für Aufsehen und tragen dazu bei, unsere Denkweise über Architektur entscheidend zu verändern.
Darüber hinaus stellen wir einige Projekte vor, die von Architekturbüros skizziert wurden und auf ihre Ausführung warten – einige befinden sich in einer experimentellen Phase, andere werden sicher bald realisiert werden. Alle sind mutig und vielversprechend, manche umfassen noch nie eingesetzte oder bereits existierende Lösungen, die deutlich verbessert wurden. Die ganzheitlichen, oft von der Natur inspirierten und sich auf eine gründliche Kontextanalyse stützenden Ansätze der Studios scheinen der Schlüssel zu einer nachhaltigen Architektur zu sein.
Die positivste Entwicklung ist die Abkehr von individuellen Realisationen und das Bestreben, nicht allein durch Formen zu beeindrucken, so spektakulär viele davon auch sein mögen. Vielmehr geht es darum, universelle Antworten zur Lösung komplexer Probleme zu finden, die weltweit in verschiedenen Projekten einsetzbar sind. Es steht viel auf dem Spiel, und was die Architektur in unserer Zeit braucht, sind gerade diese visionären Stimmen, die einen Wandel auslösen.

Koichi Takada

»Für die Zukunft unseres Planeten müssen wir weg vom Industriellen und hin zum Natürlichen. Wir brauchen eine kinetische und lebendige Architektur, die den Wohnkomfort erhöht und gleichzeitig die Umwelt respektiert.«

Die visionären Bauten Koichi Takadas basieren auf seinem profunden Wissen über die Natur und seiner überragenden Beobachtungsgabe. Mit viel Gefühl für das Detail übersetzt er in seinen Projekten die Beherrschung der Natur in architektonische Strukturen. Bäume, Wasserfälle, Höhlen und Klippen dienen ihm als Ausgangspunkte bei seinen raffinierten Plänen für Häuser, Büros oder öffentliche Räume. Sogar die Texturen und Farben der umgebenden Landschaft können bei seinen Entwürfen die Richtung vorgeben. Diese Inspirationen äußern sich nicht bloß als skulpturale organische Formen, sondern gehen tief in die Biomimikry und Funktionsweise der Gebäude ein. Besondere Aufmerksamkeit schenkt Takada der Art und Weise, wie wir ein Gebäude erleben, auch in Bezug auf das im Tagesverlauf wechselnde Sonnenlicht. Viele seiner Bauten sind mit lebenden Fassaden ausgestattet, die mithilfe einer ausgeklügelten Wasserzirkulation zu einer Art Ökosystem werden. Seine biologische Ästhetik verändert nicht nur die Erfahrung der Bewohner:innen, sondern auch die Qualität der Gebäude. Darüber hinaus sind diese Lösungen perfekt an die jeweiligen klimatischen Bedingungen angepasst, da die spektakuläre Naturalisierung der Architektur auch funktional gesehen von Bedeutung ist. So tragen in tropischem Klima etwa Wasserfälle oder die von Takada häufig eingesetzte üppige Fassadenbegrünung zur natürlichen Kühlung der Gebäude bei. Auf der Suche nach einem Gleichgewicht zwischen Natur und von Menschen geschaffenen Objekten werden architektonische mit natürlichen Elementen kombiniert. Koichi Takada ist zuversichtlich: »Man kann es einrichten, dass hohe Gebäude die Erde nur ganz leicht berühren und bescheidene Häuser kraftvolle Gefäße für positive Veränderungen sind.« Nicht minder wichtig ist ihm die Art und Weise, wie Gebäude mit ihrer Umgebung interagieren, insbesondere in städtischen Kontexten, die ihm zufolge im Sinne einer nachhaltigeren Zukunft intensiv renaturiert werden müssen.

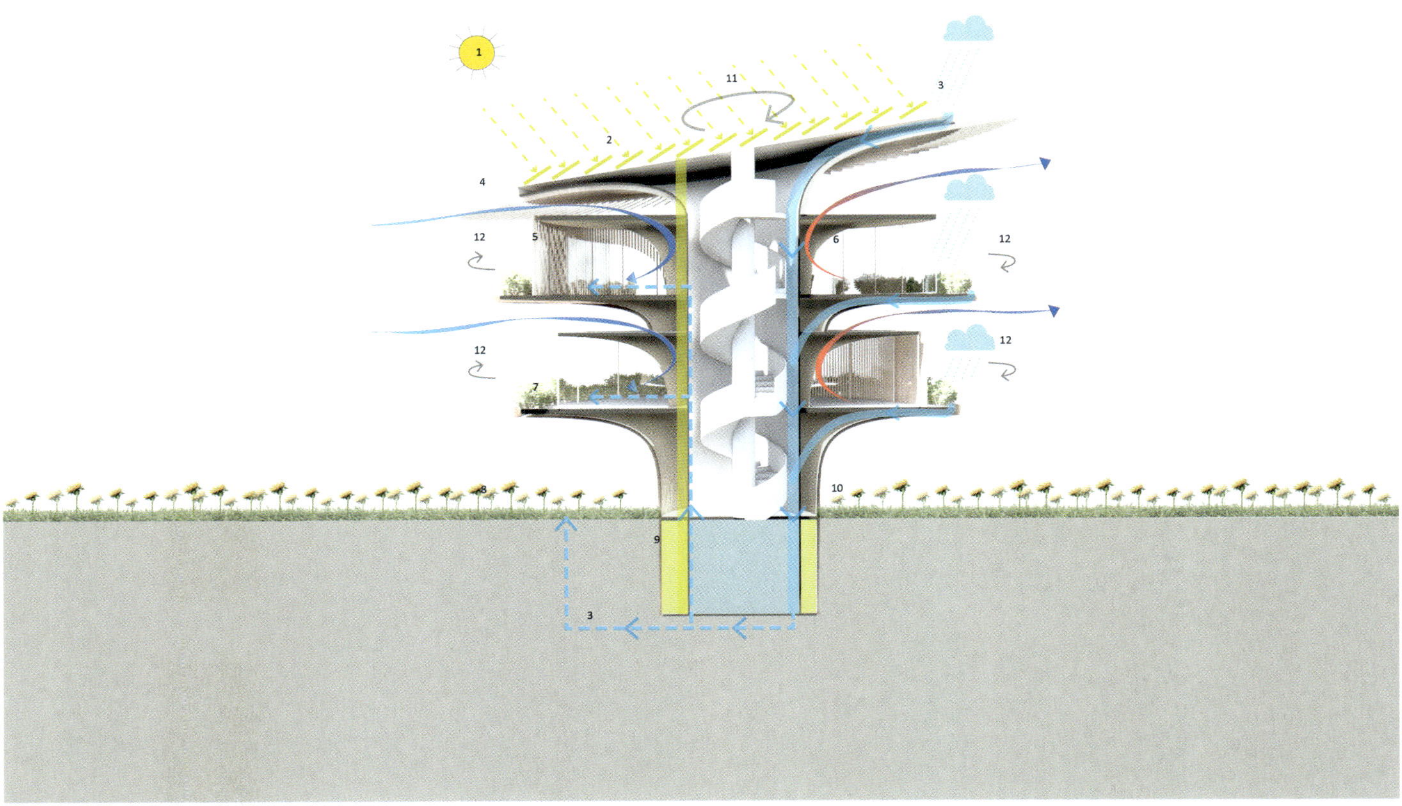

Sunflower House

Sonne und Ästhetik als Mittel gegen den Klimawandel

Takada orientiert sich nicht nur bei den Formen seiner Bauten an der Natur. Auch beim Wohnkomfort setzt er entschlossen auf kinetische Architektur. Das Sunflower House ist die Quintessenz seiner Philosophie. Im Auftrag von Bloomberg Green (einer Nachrichtenplattform, die sich mit Umweltfragen befasst) entwarf der Architekt ein Wohnhaus, das wie eine Sonnenblume funktioniert. Sein Entwurf passte perfekt in die italienische Region Umbrien mit ihren weiten Sonnenblumenfeldern und immer häufigeren und intensiveren Hitzewellen. Die Sonnenblumenform hat zudem den Vorteil, dass der Bau kein großes Fundament erfordert und die Auswirkungen auf die biologische Vielfalt begrenzt werden. »Der Eingriff in den Boden ist minimal, sodass der Erde Platz für andere Aktivitäten bleibt«, erklärt der Architekt und fügt hinzu: »Trotzdem nickt die Sonnenblume auf magische Weise mit dem Kopf, um im Licht zu baden.« Über einem zentralen »Stamm« dreht sich eine kreisförmige Struktur. Sie bildet ein blütentellerförmiges Dach, dessen von Sensoren gesteuerte Solarmodule sich jeweils so ausrichten, dass sie die maximale Sonneneinstrahlung aufnehmen. Dadurch sollen sie bis zu 40 Prozent mehr Energie erzeugen als statische Paneele. Das über das Dach gesammelte Regenwasser wird zur Toilettenspülung und als Gießwasser verwendet. Durch seinen großzügigen Umfang spendet das Dach den Fenstern in den Stockwerken wertvollen Schatten. Darüber hinaus werden sie tagsüber durch bewegliche Jalousien vor der Sommersonne geschützt. Die Anwendung der Prinzipien der Passivbauweise steigerte den Wohnkomfort hier eindeutig. Das Sunflower House besitzt maximal drei Stockwerke, die jeweils eine Zwei- oder Dreizimmerwohnung aufnehmen. Takadas Vision sind Felder mit über die Landschaft verstreuten, sonnenbeschienenen Häusern.

KOICHI TAKADA

Nach seiner Tätigkeit in Tokio, New York und London gründete Koichi Takada 2008 sein Studio in Sydney in Australien. Er tritt entschieden für die Einbeziehung der Natur in den städtischen Kontext ein, um eine fühlbare Verbindung zu schaffen, die das urbane Leben verbessert und bereichert. Dass er seine stärkste Inspiration aus der Natur bezieht, äußert sich sowohl in den visuellen als auch funktionalen Aspekten seiner Bauten. Treibende Kraft hinter Takadas ganzheitlichem Ansatz ist das Streben nach Harmonie mit der Umwelt und gesteigerter Lebensqualität. Seine in der ganzen Welt realisierten Projekte sind von der umgebenden Landschaft, den örtlichen Traditionen und dem jeweiligen kulturellen Erbe geprägt.

Sunflower House

SOM

»Unser Ansatz verbindet neue Designideen mit naturbasierten Lösungen sowie bekannten und neuen Technologien zur Kohlenstoffabscheidung und integriert sie auf eine in der gebauten Umwelt noch nie gesehene Weise.« **Yasemin Kologlu**

Was wäre, wenn Gebäude tatsächlich die Wirkung von Bäumen hätten, fragte sich das Team von SOM. Als Antwort konzipierte es Urban Sequoia™, das aufgrund seiner Struktur die Luft durch CO_2-Entnahme reinigen und sogar die Umwelt regenerieren kann. Um den Umweltveränderungen zu begegnen, arbeitet das Studio seit einiger Zeit an Methoden zur Verringerung der CO_2-Emissionen seiner Projekte. Zur Bewertung der Auswirkungen auf die Umwelt entwickelten die Nachhaltigkeitsexpert:innen des SOM-Teams ein spezielles System, das die CO_2-Emissionen während der Lebensdauer eines Gebäudes umfassend misst – von Anfang an und während des gesamten Lebenszyklus. Den Beteiligten ist bewusst, dass dies nicht ausreicht, um wirklich signifikante Veränderungen zu bewirken. Angesichts des sich rasant beschleunigenden Klimawandels sind sie der Meinung, dass die Branche über den Netto-Nullpunkt hinaus dazu übergehen sollte, CO_2 aus der Atmosphäre zu entnehmen, insbesondere in dicht bebauten städtischen Kontexten, die eine schnelle Dekarbonisierung erfordern. »Wir müssen CO_2 mithilfe der gebauten Umwelt aus der Atmosphäre entfernen. Und wir haben einen Entwurf entwickelt, der genau das ermöglicht«, erklärt der Architekt und SOM-Partner Chris Cooper. Die Prinzipien des Urban Sequoia™-Gebäudes vereinen verschiedene Nachhaltigkeitsverfahren – Optimierung des Designs, Reduzierung der Materialien, Integration von Biomaterialien, fortschrittliche Biomasse und neue Technologien zur CO_2-Entnahme. Dazu kommt die Idee, die Lebensdauer eines Gebäudes durch eine anpassungsfähige Architektur zu verlängern. Räume und Außenstruktur sollten sich problemlos umgestalten lassen, damit sich der Bau geänderten Bedürfnissen anpassen kann. Um die Grenzen noch weiter auszuloten, gibt es Überlegungen, wie weit sich der CO_2-Ausstoß beim Bau reduzieren und die Speicherung von Kohlenstoff steigern ließe und um wie viel man die Lebensdauer eines Gebäudes verlängern könnte.

Konzept Urban Sequoia™

Architektur ohne ökologischen Fußabdruck

Urban Sequoia™ gibt eine vielversprechende Antwort – eine Reduktion um 70 Prozent des beim Bau des Gebäudes anfallenden gebundenen und um 100 Prozent des in seiner Lebenszeit anfallenden Kohlenstoffs – und das schon fünf Jahren nach Vollendung. SOM geht davon aus, dass das Gebäude bei einer 100-jährigen Lebensdauer mehr als 300 Prozent des während seines Baus und Betriebs emittierten CO_2 absorbieren kann. Möglich wird dies durch die Verwendung eines kohlenstoffarmen Baustoffs, den SOM in Zusammenarbeit mit Prometheus Materials entwickelt. Es handelt sich um einen auf Algen basierenden Bio-Beton, eine revolutionäre Neuerung, die in der Natur ablaufende Prozesse (Photosynthese und Karbonatmineralisierung) aufgreift. Dieses Material absorbiert Kohlenstoff, der dann für industrielle Anwendungen genutzt werden kann. Die Architekt:innen glauben, dass »die Fassaden mithilfe integrierter Biomasse und Algen den Bau in eine Quelle von Biokraftstoff verwandeln könnten – nutzbar für Heizsysteme, Autos und Flugzeuge – und als für viele industrielle Anwendungen nutzbare Proteinquelle.« Dieser Bio-Beton lässt sich in verschiedenen Farben und Texturen herstellen und ist frei formbar. Die Philosophie der Reduktion, die im Mittelpunkt des Ansatzes steht, zielt auch darauf ab, Systeme zu konsolidieren oder zu eliminieren, statt sie in abgehängten Decken zu verstecken. Dank der optimierten Bodenplatten können viele Elemente in die Böden eingebaut werden, so auch die traditionellen Luftschächte. Unterflurbelüftungsöffnungen zwischen der Geschossdecke und dem Holzboden würden einen Luftstrom ermöglichen. Kühle Luft würde auch durch zahlreiche Dachgärten eingefangen werden, um von dort in die offenen Hohlräume des Gebäudekerns einzudringen, wo, wie das Studio erklärt, »der Kamineffekt die Luft mittels einer in Gebäudekern und Dach eingebetteten Luftentnahmetechnologie nach oben befördern würde«. Dank dieser Methoden sowie einer optimierten modularen Struktur und dem Wegfall von Zwischendecken und der Optimierung des Fußbodens würde der Materialverbrauch radikal reduziert werden. Das System Urban Sequoia™ ist bereits realisierbar und wird hoffentlich in naher Zukunft rund um die Welt zu einem festen Bestandteil des Stadtbilds werden.

SOM

Das legendäre Büro SOM mit Hauptsitz in Chicago wurde 1936 von Louis Skidmore, Nathaniel Owings und John Merrill gegründet. Bekanntheit erlangte es durch komplexe Hochhäuser rund um den Globus, darunter der Burj Khalifa in Dubai, der höchste Wolkenkratzer der Welt. Fast neun Jahrzehnte nach der Gründung bringt ein umfangreiches Team von Architekt:innen, Ingenieur:innen, Designer:innen und Planer:innen nicht nur weitere Innovationen auf den Weg, sondern widmet sich auch der Verringerung der Kohlenstoffbelastung in der Bauindustrie. SOM selbst ist bereits ein kohlenstoffneutrales Unternehmen und strebt an, bis 2040 bei allen seinen Projekten den CO_2-Ausstoß während ihrer gesamten Lebensdauer auf null zu reduzieren.

Canopia, Bordeaux, Frankreich

Nicolas Laisné DREAM (Dimitri Roussel) Sou Fujimoto

»Besonderes Augenmerk wurde auf die Qualität der Gemeinschaftsräume gelegt.«

Canopia scheint der perfekte Ort für das Leben in einem dynamischen städtischen Kontext zu sein – mit viel Grün und großzügig bemessenen Außenbereichen soll die aus natürlichen Materialien gebaute Anlage eine außergewöhnliche Wohnqualität bieten. Der japanische Architekt Sou Fujimoto erarbeitete in Zusammenarbeit mit den französischen Architekten Nicolas Laisné und Dimitri Roussel die Vision dieses umwelt- und nutzerfreundlichen Mischnutzungskomplexes, der Wohnimmobilien mit Geschäfts-, Gastronomie- und Büroräumen kombinieren soll. Das der Stadt Bordeaux vorgelegte Projekt ist von beeindruckender Größe: Das Hochhaus soll 50 Meter hoch werden (damit wäre es eines der höchsten Holzgebäude der Welt) und 17 000 Quadratmeter Fläche für verschiedene Nutzungen bieten. Canopia soll an der Kreuzung Rue Cazeaux und Rue Beck entstehen. Es wäre Teil eines Entwicklungsplans für diesen unweit des Bahnhofs Bordeaux-Saint-Jean gelegenen Stadtteil und soll der Mittelpunkt des Viertels werden. Mit seiner unverwechselbaren skulpturalen Silhouette würde der Komplex nicht nur durch die umfangreiche Verwendung von Holz (aus nachhaltigem Anbau) auffallen, sondern auch durch die reichhaltige Bepflanzung als harmonische Ergänzung der Außenhülle, die mit der Zeit auf natürliche Weise altert. Großzügige Außenterrassen vergrößern den Lebensraum und verbessern die Lebensqualität ganz allgemein.

Nachhaltigkeit auch in der sozialen Dimension

Die gründlichen Recherchen der Beteiligten führten zu einer auf Holzrahmen basierenden Konstruktion. Damit wurden bautechnische Probleme gelöst, was angesichts der Größe und Komplexität des Gebäudes äußerst wichtig war. Für die Struktur wählten sie Riegel und Pfosten aus Weißtanne und Fichte, bei den Böden fiel die Wahl auf Brettsperrholz aus Weißtanne oder Fichte. Zur Stabilisierung des Baus sollen in den Pfosten-Riegel-Rahmen spezielle Brettschichtholzstäbe integriert werden. Neben der Verwendung von Holz und der Begrünung ist bei diesem Projekt auch die soziale Nachhaltigkeit wichtig. Geplant sind zahlreiche Gemeinschaftsräume in den Terrassengärten und der grünen Oase im Herzen des Komplexes, die von allen Bewohner:innen der insgesamt 199 Wohnungen genutzt werden können. Die Zugänglichkeit zu diesen Bereichen war für die Architekten ein entscheidendes Element. Zu diesen Begegnungsräumen zählen ein landwirtschaftlicher Garten mit Kompostplätzen, mehreren Wasserspeichern, Obstbäumen und Sträuchern sowie eine Dachterrasse mit Spielplatz und Restaurant. Alle sind durch Wege miteinander verbunden. Nicht zuletzt bieten zahlreiche Außenbereiche, insbesondere der große Dachgarten, Bewohner:innen und Besucher:innen einen beeindruckenden Blick auf die Landschaft der Garonne und die umliegenden Hügel, was auch für die Verbindungswege zwischen den vier mit Pflanzen belebten Holzhochhäusern gilt.

NICOLAS LAISNÉ

Der französische Architekt Nicolas Laisné wurde in Indien bei Raj Rewal, in den USA bei Steven Holl und in Europa bei Jean Nouvel ausgebildet. Im Jahr 2005 gründete er sein in Paris ansässiges Büro für Projekte, die von Stadtplanung über Architektur bis hin zu Innenarchitektur reichen. Laisné arbeitet häufig an der Schnittstelle unterschiedlicher Kulturen und Disziplinen. Jedes seiner Projekte wird von einem transdisziplinären Team mit den Schwerpunkten Philosophie, Botanik, Data Science und Ergonomie begleitet. In den Projekten öffnet es die Architektur auf die umliegende Natur, auch in urbanen Umgebungen.

DREAM

Das 2018 von Dimitri Roussel gegründete Studio DREAM (für Dimitri Roussel Ensemble Architecture Métropole) ist ein internationales Team von Spezialist:innen mit einem breiten Kompetenzspektrum, von der Stadtplanung bis zum Hausbau. Im Bestreben, den modernen Lebens- und Arbeitsbedingungen entsprechende Gebäude zu planen, entwirft es Wohnhäuser, Büros, Sportstätten und temporäre Bauten. Auf ökologisches Bauen bedacht, hat sich DREAM auf Holzkonstruktionen und Holzhochhäuser spezialisiert. Alle seine Projekte sind auf Nachhaltigkeit ausgerichtet, wobei kohlenstoffarme und passive Energie im Fokus stehen.

SOU FUJIMOTO siehe Seite 152.

NBBJ

»Ein Gebäude, das sich im Tempo der Forschung weiterentwickelt.«

Die Arbeit von NBBJ, einem Team von Architekt:innen, Designer:innen, Forscher:innen und Fachleuten verschiedener Bereiche, ist Teil der komplexen Suche nach Lösungen, die eine kohlenstofffreie Zukunft ermöglichen sollen. »Eine auf Kohlenstoff verzichtende Entscheidung ist ein ethischer Imperativ für alle«, erklären sie, »die für uns Designer aber besonders wichtig ist.« Im Bestreben, durch das machtvolle Instrument der gebauten Umwelt einen dauerhaften Wandel auszulösen, legt das Team sein besonderes Augenmerk auf die Gestaltung innovativer und sinnstiftender Arbeitswelten. Besondere Aufmerksamkeit erregte sein »Sprungbrett-Konzept« für das Regenerative Labor. Es handelt sich um einen revolutionären Entwurf für ein typisches Forschungsgebäude, eine ressourcenintensive Einrichtung, deren klug gewählte Prinzipien sich für andere Realisationen abwandeln ließen (der Planung zufolge könnten sie interpretiert, angepasst und bei anderen Projekten je nach Klima, Standort und Bedingungen angewendet werden). Durch seinen flexiblen Rahmen könnte dieses nachhaltige Labor neue Technologien aufnehmen. Darüber hinaus ließe es sich in ein Wohngebäude umwandeln, was die Lebensdauer des Baus spürbar verlängern würde. Das Projekt basiert auf drei Hauptprinzipien: Kohlenstoffreduzierung, der Mensch als Mittelpunkt und das Potenzial zur Weiterentwicklung. Die dem Prinzip der Kohlenstoffreduzierung gemäße Lösung wären eine Fassade mit hoher Energieleistung und passivem Sonnenschutz, die Verwendung von Brettsperrholz (CLT) und einer Stahlkonstruktion, die Unterstützung der elektrischen Anlagen durch Solarenergie sowie Fenster, die sich zwecks Kühlung öffnen lassen. Da die Architekt:innen das Labor als Ökosystem betrachten, entschieden sie sich für ein synergetisches Systemdesign.

Projekt eines Regenerativen Labors

Für die Bedürfnisse der Menschen und des Marktes

Das zweite Prinzip des Projekts ist, neben der Schaffung eines geeigneten und sicheren Raums für die Wissenschaft, den Menschen und seine Erfahrungen in den Vordergrund zu stellen (in der Erkenntnis, »dass man sich mittels Erfahrungen nicht nur Talente sichert, sondern auch Engagement und Kreativität«). Anders als bei einem typischen Laborgebäude legt NBBJ bei seinem Entwurf den Schwerpunkt auf Offenheit, viel Tageslicht, Kontakt zur Natur und soziale Interaktion. Diese Prioritäten würde das großzügige Atrium des Regenerativen Labors mit seiner einladenden Begrünung und den zahlreichen Begegnungsorten veranschaulichen (dieser Raum und die unteren Etagen könnten, sofern die Sicherheitsanforderungen es gestatten, sogar öffentlich zugänglich sein). Das dritte und für die Zukunft wahrscheinlich wichtigste Prinzip – die Fähigkeit sich weiterzuentwickeln – hat zu den radikalen Strategien des Studios beigetragen, die auf eine verlängerte Lebensdauer des Gebäudes abzielen. Die als Basis dienende permanente Stahlkonstruktion soll Hunderte von Jahren überdauern, während seine Holzelemente demontierbar, anpassbar und neu konfigurierbar sein sollen – je nach der bedarfsgerechten Nutzung des Baus. »Das Labor ist als eine Reihe von Modulen konzipiert, die mit ihren Abmessungen und Grundrissen als Forschungs-, Büro- oder, mit einigen Modifikationen, auch als Wohneinheiten dienen können.« Sogar die Fassade würde diesem Schema folgen. Ihre Modularität würde es erlauben, Teile zurückzusetzen, um für die Wohnnutzung Balkone zu schaffen. Diese Überlegungen zur strukturellen Flexibilität und der daraus resultierenden Langlebigkeit sind der Schlüssel zu einer Architektur, die deutlich weniger Abfall verursacht und es ermöglicht, durch Abriss und Neubau verursachte Kohlenstoffemissionen zu vermeiden. Das in diesem Konzept vorgeschlagene Hybridsystem kann im Verein mit passiven Strategien wie bedienbaren Fenstern und Fassadenbeschattung die Lebensdauer eines Gebäudes effektiv verlängern. Dieser Ansatz von NBBJ eröffnet ein beachtliches Potenzial für Anwendungen in anderen Gebäudetypen.

NBBJ

Das 1943 gegründete Studio NBBJ ist ein Architektur- und Designbüro, das sich bei seiner Arbeit auf umfangreiche Forschungen der Sozial-, Neuro- und Materialwissenschaften stützt (um nur einige zu nennen). Es setzt sich für Gesundheit, Gemeinschaft und eine kohlenstofffreie Zukunft ein. Mit Niederlassungen in den USA von Boston bis Seattle, aber auch international in Hongkong, Shanghai, London und Pune realisiert es Großprojekte, wobei der Schwerpunkt auf Arbeitsstätten und Gesundheitseinrichtungen liegt. NBBJ ist ein durch das CarbonNeutral Protocol von Natural Capital Partners als carbonneutral-zertifiziertes Unternehmen und Unterzeichner der AIA 2030 Challenge, des Amazon Climate Pledge und des 1.5°C COP26 Communiqué.

Projekt eines Regenerativen Labors

EFFEKT

»Urban Village basiert auf einem modularen Bausystem, das es uns ermöglicht, eine breite Palette verschiedener Wohnungstypen für unterschiedliche städtische Umgebungen zu konfigurieren.« **Sinus Lynge**

Das Projekt Urban Village wurde in Zusammenarbeit mit SPACE10 entwickelt, dem globalen Forschungs- und Designlabor von IKEA, »um auf die großen gesellschaftlichen Veränderungen zu reagieren, die in den kommenden Jahren auf die Menschen und unseren Planeten zukommen werden«, und um eine Lösung für die globale Wohnungskrise zu bieten. Das Konzept befasst sich mit den Hauptproblemen des massiven, schnell wachsenden Zuzugs in die Städte und den Herausforderungen der sich rasch verändernden urbanen Gegebenheiten. Das aus einer eingehenden Untersuchung gemeinschaftlichen Wohnens resultierende Konzept zielt darauf ab, erschwingliche, nachhaltige, sichere und sozial ausgewogene Lebensräume zu schaffen. Um die Umwelt zu schonen, wurde das System nach dem Kreislaufprinzip konzipiert – die Materialien und Bauelemente lassen sich demontieren und wiederverwenden. Die Nachhaltigkeit bezieht sich auch auf das Wohlbefinden der Bewohner:innen – das Urban-Village-Modell zielt darauf ab, gesunde Lebensräume zu schaffen, die zugleich bezahlbar und effizient sind. Erreicht wird dies durch eine eng verbundene, verschiedene Altersgruppen, Hintergründe und Lebenssituationen umfassende Gemeinschaft mit gemeinsamen Einrichtungen und Dienstleistungen wie Kinderbetreuung, urbaner Landwirtschaft, gemeinsamen Mahlzeiten, Fitnessräumen und sogar Verkehrsmitteln. Die flexiblen und qualitativ hochwertigen Häuser basieren auf einem neuen Abonnementmodell, bei dem die Baufinanzierung durch Partner in langfristigen Investitionen in Kombination mit Strukturen nach dem Muster kommunaler Land Trusts und Genossenschaften erfolgt.

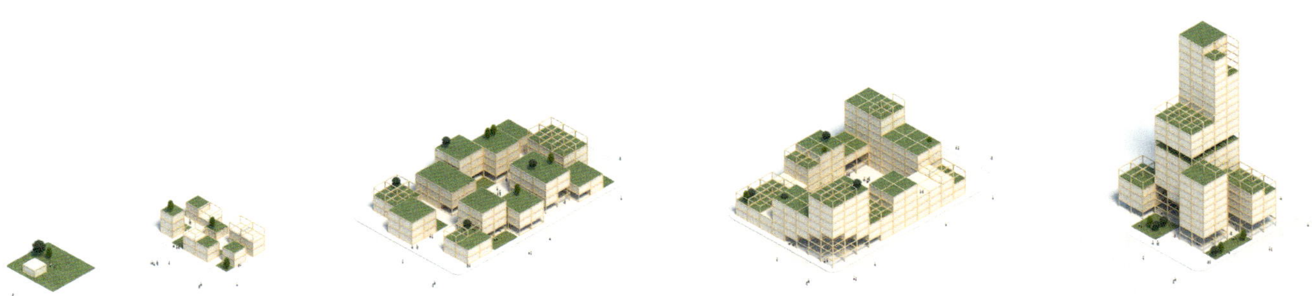

Projekt Urban Village

Neues modulares Bausystem

»Durch integrierte Lösungen wie Wassergewinnung, saubere Energieerzeugung, Recycling, lokale Lebensmittelproduktion und Kompostierung würde das Urban Village Project Nachhaltigkeit im täglichen Leben zu einer Selbstverständlichkeit machen«, betonen die Beteiligten. Die in Massenproduktion hergestellten vorgefertigten Häuser würden als Bausatz geliefert werden, was sowohl die Kosten als auch die CO_2-Emissionen während der Bauphase erheblich senken würde. Das aus Brettsperrholz gefertigte und auf standardisierten Modulen basierende System wäre für alle Typen und Größenordnungen geeignet – vom Einfamilienhaus bis zum Hochhaus. Für die Wahl des Materials waren seine ökologischen Vorteile

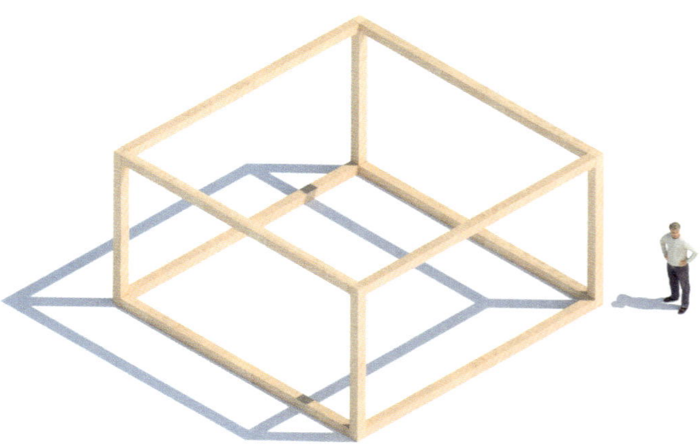

Projekt Urban Village

entscheidend, aber auch seine Fähigkeit, zum Wohlbefinden der Bewohner:innen beizutragen, was durch die üppige Begrünung noch verstärkt wird. Die einfache, aber angenehme, von der Geometrie und der natürlichen Farbe des Holzes dominierte Ästhetik lässt sich perfekt in jede vorhandene Architektur integrieren. Der größte Vorteil der Modularität ist ihre Kreisläufigkeit – fast alle Elemente der Gebäude können demontiert und über deren gesamte Lebensdauer leicht ersetzt, neu verwendet oder recycelt werden. Auf diese Weise kann die gesamte Konstruktion problemlos nachgerüstet, demontiert und weiterverwendet werden, was den ökologischen Fußabdruck der Gebäude verringert, ihre Lebensdauer verlängert und den Menschen viel Flexibilität bei der kontinuierlichen Anpassung ihrer Häuser an die sich verändernden Bedürfnisse bietet. Dieses visionäre, zahlreiche Herausforderungen berücksichtigende Modell lässt sich in jedem Teil der Welt realisieren, in dem ein demokratischer Ansatz für das gemeinsame Leben in städtischen Räumen erwünscht ist.

EFFEKT

Das in Kopenhagen ansässige Architekturbüro EFFEKT ist ein ambitioniertes Design- und Forschungsstudio mit multidisziplinärem Team. Seine von Stadtplänen und öffentlichen Räumen bis hin zu Objekten und Gebäuden reichenden Projekte werden in einem ganzheitlichen und systematischen Designansatz konzipiert, der die Erfahrung der Endnutzer:innen in den Mittelpunkt stellt. Seinem Namen entsprechend (*effekt* ist das dänische Wort für Auswirkung) besteht das Hauptziel des Büros darin, »eine dauerhafte soziale, wirtschaftliche und ökologische Veränderung« und damit in »lokalem, regionalem und globalem Kontext Nutzen für die Gesellschaft« zu bewirken. Nach Ansicht des Teams sollten sowohl Gebäude als auch ganze Städte eine dauerhafte positive Wirkung haben – für die Menschen und für unseren Planeten.

Benedetta Tagliabue

»Wenn man neue Wege finden will, empfiehlt es sich, die Natur zu beobachten. In Bezug auf Strategien kann man viel von ihr lernen. Vor allem wenn es darum geht, auf den Klimawandel zu reagieren.«

Das ebenso ehrgeizige wie gewaltige Projekt Bamboo Cultural Experience Centre, das von Benedetta Tagliabue und ihrem Architekturbüro EMBT Architects geplant wurde, ist Teil des im Süden der chinesischen Provinz Sichuan gelegenen Sichuan Bamboo Forest Resort, einem der größten Bambuswaldparks der Welt: ein malerisches Pflanzenmeer mit zahlreichen Bambusarten, Bächen, einem See und Wasserfällen. »Bambus und Wasser sind in diesem Gebiet die wichtigsten Elemente. Ihre Präsentation ist das übergreifende Konzept unseres Entwurfs«, erklärt das Büro. Durch seine Zickzackform harmoniert der Bau perfekt mit dem unregelmäßigen Grundstück und besticht trotz seiner Größe durch seine Leichtigkeit. Die durch zahlreiche Bögen definierten organischen Formen, ein für Tagliabues Entwürfe charakteristisches Strukturelement, werden von einer wellenförmigen, gitterartigen Holzstruktur umhüllt. Die durchgehenden Bögen und ihre Form spiegeln die Topologie des Hügels wider, sind aber auch ein visueller Verweis auf das Bambusmeer. Beim Entwurf des organischen und halbtransparenten Gebäudes ließ sich die Architektin von sich im Wind wiegenden Bambushalmen inspirieren. Die Gestaltung dieses eindrucksvollen Kultur- und Geschäftskomplexes zeugt von großem Respekt für seinen Standort. Dank seiner organischen Formen und den ökologischen Materialien gelang es, den Bau einfühlsam in die Landschaft einzubetten und in eine harmonische Beziehung zur Natur zu setzen.

Bamboo Cultural Experience Centre im Sichuan Bamboo Forest Resort, Provinz Sichuan, China, 2022

Materialien als nachhaltige Faktoren

Benedetta Tagliabue hat ein besonderes Gespür für die Wiederentdeckung von Materialien und deren Verwendung in zeitgenössischen Bauten. Sie spricht von »Original«-Materialien, worunter sie »ursprüngliche« Baustoffe versteht. »Was wir heute als originell empfinden, ist oft seit Langem bekannt oder war schon von Anfang an da«, erklärt sie. Die Verwendung nachhaltiger Materialien in Tagliabues Arbeiten, oft in Kombination mit traditionellen Handwerkstechniken, ist keineswegs selbstverständlich, wie beim spanischen Pavillon auf der Weltausstellung 2010 in Shanghai, der aus Weidengeflechten bestand. Die komplexe Krümmung dieses Baus stellte Tagliabue vor die Herausforderung, das alte Material mithilfe einer neuen Konstruktionstechnik sozusagen neu zu erfinden. Das Ergebnis war ein das Gebäude charakterisierendes ökologisches Dekor: den dynamisch geformten Pavillon umhüllten von Korbflechtern der Region Shanghai gefertigte Weidenzweigpaneele.

Interessant an Tagliabues Ansatz ist auch, dass sie die Bedeutung der menschlichen Energie in der Architektur hervorhebt: »Wenn wir über Nachhaltigkeit, Energie oder Energieeffizienz sprechen, müssen wir bedenken, dass dazu auch die menschliche Energie gehört«, erklärt sie. Ihr zufolge muss das Ziel nachhaltiger Architektur darin bestehen, dass sich die Menschen wohl und zu Hause fühlen – selbst in Außenräumen.

Bamboo Cultural Experience Centre im Sichuan Bamboo Forest Resort, Provinz Sichuan, China, 2022

BENEDETTA TAGLIABUE

International bekannte italienische Architektin mit Sitz in Barcelona. Sie ist zusammen mit Enric Miralles (1955–2000) Mitbegründerin von EMBT Architects sowie Gründerin und Präsidentin der Fundació Enric Miralles. Benedetta Tagliabue arbeitet an Bildungs-, Gewerbe-, Industrie- und Wohnprojekten in Europa und Asien. Ihre vor allem für öffentliche Auftraggeber geplanten Projekte konzentrieren sich auf den städtischen Raum und »den Zusammenhang zwischen gebauter Umwelt und öffentlichem Raum«, wodurch Kontext, Geschichte und Kultur zentrale Aspekte ihrer Arbeit sind. Im Jahr 2023 verlieh ihr die Cité de l'Architecture et du Patrimoine (Paris) einen Global Award für nachhaltige Architektur. Neben ihrer Arbeit als Architektin unterrichtet Benedetta Tagliabue und hält Vorträge an vielen renommierten Schulen und Universitäten auf der ganzen Welt.

David Chipperfield Architects

»Mit Rücksicht auf den historischen Wert des Gebäudes strebt der Erweiterungsbau nicht danach, mit dem bestehenden Bau zu konkurrieren, sondern lässt ein harmonisches Ensemble entstehen, in dem sich Alt und Neu im Gleichgewicht befinden.«

David Chipperfield und sein Team erwarben sich fast vier Jahrzehnte lang durch ihre Arbeit mit Museen internationale Anerkennung. Ihre Projekte an 25 Standorten auf vier Kontinenten umfassten Einzelausstellungen, Masterpläne, Neubauten, Umgestaltungen von Sitzen angesehener Institutionen und UNESCO-Welterbestätten. Das Ergebnis dieses langjährigen Engagements speziell im Kultursektor ist eine spektakuläre Expertise in allen Aspekten des Museumsdesigns, die in Verbindung mit der rücksichtsvollen und ausgewogenen Herangehensweise des Büros eine Garantie für inspirierende Realisationen ist, die nicht nur das Erbe respektieren, sondern auch die Kommunikation und den Zugang an den Standorten fühlbar verbessern. Eines der jüngsten Projekte (im Januar 2023 hatte das Büro den Planungswettbewerb gewonnen) ist die Sanierung und Erweiterung des Archäologischen Nationalmuseums in Athen, das von Ludwig Lange und Ernst Ziller in der zweiten Hälfte des 19. Jahrhunderts entworfen wurde und eine der weltweit wichtigsten Sammlungen prähistorischer und antiker Kunst beherbergt. Basis des Komplexes wird das klassizistische Gebäude bleiben, doch das Team plant, es mit einem üppigen, grünen Park zu umgeben und seinen Sockel durch zwei unterirdische Galerien zu erweitern. Zusätzliche, unglaublich großzügige und von natürlichem Material geprägte Ausstellungsräume werden das Museum der Öffentlichkeit näherbringen und das gesamte Areal aufwerten. Die Vision des Teams ist auf die heutigen Anforderungen an Qualität, Offenheit und Nachhaltigkeit zugeschnitten.

Archäologisches Nationalmuseum, Athen

Zum Ersten bleibt das historische Museum als Wahrzeichen und urbaner Blickfang der griechischen Hauptstadt erhalten, wird jedoch revitalisiert, was auch eine energetische Sanierung einschließt. Zum Zweiten wird es eine als massiger Niedrigenergiebau geplante Erweiterung erhalten, die durch landschaftliche Gestaltung und öffentliche Infrastruktur ergänzt wird. Durch ihre Anordnung unter der Erde und die Erweiterung zur Straße hin folgt die Architektur der Topografie und sorgt zugleich für eine erheblich verbesserte Zugänglichkeit. Dieser neue Teil, der den künftigen Haupteingang und die wichtigsten öffentlichen Funktionen des Museums aufnehmen soll, wird aus bewehrtem Stampflehm errichtet. Der umweltfreundliche Baustoff bringt zwei große Vorteile mit sich: Die Feuchtigkeit in den Ausstellungsräumen wird auf natürliche Weise reguliert und der gebundene Kohlenstoff erheblich reduziert.

Als Baumaterial für ein Museum ist Stampflehm zwar ungewöhnlich, er sorgt jedoch auch visuell für angenehme ästhetische Effekte, da die Architektur mit dem natürlichen Kontext verschmilzt. Die Texturen beleben die Ausstellungsräume, was durch das faszinierende Spiel von Licht und Schatten noch verstärkt wird.
Das Dach dieser unterirdischen Räume wird als Garten genutzt, der durch seine Vegetation Schatten und natürliche Kühlung spendet und nicht zuletzt im Herzen des Museumskomplexes für das Publikum einen öffentlich zugänglichen Raum schafft. Zur harmonischen Koexistenz von Architektur und Natur wird auch der hohle Kern beitragen, der die Dachkonstruktion des Baus tragen und selbst großen Bäumen ermöglichen wird, Wurzeln zu schlagen und zu gedeihen. Für die Realisation des Projekts zeichnet das Berliner Büro von David Chipperfield Architects verantwortlich.

Archäologisches Nationalmuseum, Athen

DAVID CHIPPERFIELD ARCHITECTS

David Chipperfield, Preisträger des Pritzker-Preises 2023, gründete das nach ihm benannte Studio 1985 in London. Mit Büros in Berlin, Mailand, Shanghai und Santiago de Compostela hat das stetig wachsende Unternehmen bereits eine beeindruckende Reihe von mehr als 100 Projekten aller Typen und Größenordnungen in der ganzen Welt realisiert, von Kultur- und Wohngebäuden bis hin zu Gewerbe- und Bildungsbauten. Dabei gelang es ihm, mit akribischer Liebe zum Detail eine äußerst raffinierte und kohärente Architektur zu entwickeln. Die in Galicien ansässige Fundación RIA ist eine weitere Facette des Büros. Die gemeinnützige Organisation fördert nachhaltige Entwicklungen und die Erhaltung des kulturellen Erbes durch Projekte, die sich mit Stadtplanung, Architektur und ökologischer Nachhaltigkeit am spanischen Ästuar Ría de Arousa befassen.

Natürliche Architektur

MAST

»Wir arbeiten mit Wasser, um innovative, offene und nachhaltige Räume zu schaffen.«

Die Arbeit des Studios MAST basiert auf der Idee, Städte wieder mit ihren Wasserwegen zu verbinden und mithilfe der Architektur einen neuen Zugang zum Wasser zu eröffnen. Einige seiner Projekte sind eine Reaktion auf wesentliche Umweltfragen. Dank umfangreicher Forschungen und Tests hat MAST einen interessanten Weg gefunden, mit den Herausforderungen umzugehen, die eine der größten Umweltveränderungen mit sich bringt. »Das wachsende Bewusstsein für den Anstieg des Meeresspiegels und die zunehmende Gefahr von Überschwemmungen in Städten trugen dazu bei, dass das Interesse am Bauen auf dem Wasser stark zunahm. Allerdings sind die derzeit verfügbaren Lösungen wie Plastikpontons und mit Styropor gefüllte Betonfundamente unflexibel, schwer zu transportieren und alles andere als nachhaltig«, erklärt das Büro. Eine innovative Antwort auf dieses Problem ist das Projekt Land on Water. Es gilt als »nachhaltige [...] Lösung, die es ermöglicht, fast alles auf dem Wasser zu bauen«. Dazu werden aus recyceltem, verstärktem Polymer hergestellte Module zu einem durchdachten System zusammengefügt. Zwei der Hauptvorteile dieses Ansatzes sind der einfache Transport und die Flexibilität beim Zusammenbau in zahllosen Konfigurationen. Von schwimmender Infrastruktur bis hin zu Wohnbauten und öffentlichen Räumen sind alle Typen und Größenordnungen möglich. Das visionäre Konzept wurde mit Unterstützung von Hubert Rhomberg und dem Venture Studio Fragile entwickelt und wartet nur darauf, zu nachhaltigen schwimmenden Projekten beizutragen, die dringend benötigte, dauerhafte Veränderungen bewirken könnten.

Projekt Land on Water

Anpassungsfähiges und klimaresistentes Leben auf dem Wasser

Land on Water, ein ebenso nachhaltiges wie hochflexibles System, wurde vom Gabionenbau inspiriert. Diese uralte Technik benutzt mit Schutt gefüllte Gitterkäfige zum Bau stabiler und kostengünstiger Fundamente. Land on Water folgt dem umgekehrten Prinzip: Die Module aus recyceltem, verstärktem Polymer werden mit vor Ort beschafften, wiederverwerteten Schwimmstoffen gefüllt, die auf der Wasseroberfläche das Gewicht jeder beliebigen Struktur tragen. Das Praktische an dieser Lösung ist, dass sich je nach Gewicht des sich vergrößernden Gebäudes jederzeit Schwimmstoffe hinzufügen lassen. Im Gegensatz zu typischen Stahl- und Betonfundamenten wird das System von MAST nicht mit giftigen Antifouling-Farben behandelt und bietet somit eine freundliche Umgebung für Fische und Krebstiere. Das Team beschränkt seine erfinderische Vision nicht auf individuelle Konstruktionen wie Einfamilienhäuser, sondern behauptet kühn, dass das System zu einer völlig neuen Art von schwimmender Gemeinschaft führen könnte – dynamisch, organisch und netzunabhängig. Das reduzierte architektonische Vokabular bedient sich traditioneller Formen und passt gut zum Wasser, nicht zuletzt dank seiner dezenten, fast tarnungsartigen Farbgebung. Die Baukörper lassen sich problemlos vervielfachen und bleiben ästhetisch kohärent. Größere Ausführungen mit zahlreichen schwimmenden Strukturen würden natürlich auch mehr begrünbare Verbindungsflächen schaffen. Angesichts der exakt geplanten, in Entwicklung befindlichen schwimmenden Großstädte betrachtet das Team von MAST sein Modell als Alternative, die in Zeiten einer globalen Klimakrise ein besseres Alltagsleben ermöglichen könnte. Im Sinne der Notwendigkeit, resilientere Lebensstile für eine herausfordernde Zukunft zu ermöglichen, stellt Land on Water eine gesunde, ästhetisch ansprechende und umweltfreundliche Lösung dar.

MAST

Das in Kopenhagen ansässige Studio für maritimes Design hat ein Büro und eine Werkstatt auf einer Bootswerft und ist eng mit Bootsbau und Schiffbau vernetzt. Gegründet wurde MAST von dem Australier Marshall Blecher und dem Dänen Magnus Maarbjerg, beide Experten für maritime Architektur und maritimes Design. Ihr Hauptziel war es, die Beziehung der Stadt zum Meer zu verbessern und eine gesündere maritime Umgebung zu schaffen. Ihr beeindruckendes Portfolio umfasst alle Arten von Gebäuden auf und am Wasser – von kleinen Objekten wie schwimmenden Saunen über größere Realisationen wie Piers und Parkanlagen bis hin zu komplexen Entwicklungsplänen für neue, am Wasser gelegene Stadtteile.

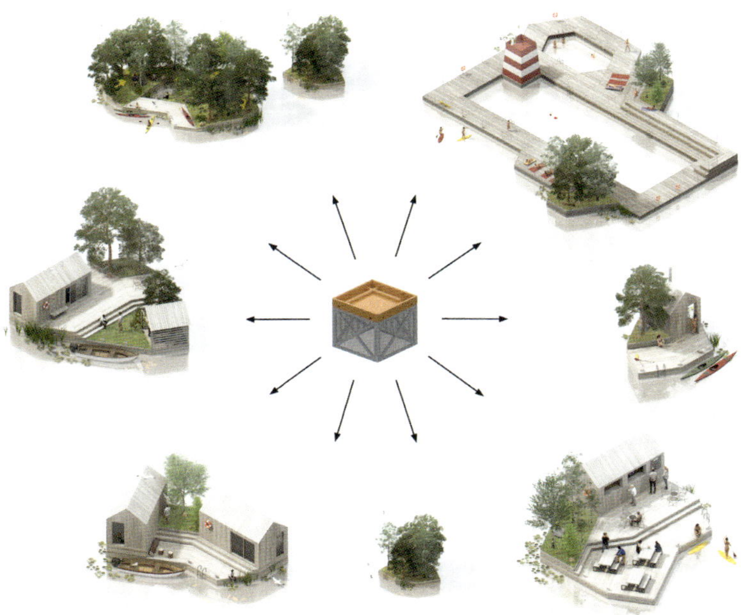

Projekt Land on Water

3XN
IB+

»Der Masterplan Ecotope baut auf der Innovationstradition der EPFL auf und schafft den Rahmen für einen grünen und zukunftssicheren Campus.«

Innovation Ecotope wird eine Erweiterung des bestehenden Wissenschaftsparks der École Polytechnique Fédérale de Lausanne (EPFL) sein, wobei der Schwerpunkt auf dem Zugang zu Grünflächen und auf biophilen Prinzipien liegt. Die EPFL, eine der weltweit führenden öffentlichen Forschungseinrichtungen, wird einen neuen Masterplan und neue Gebäude erhalten. Das Konzept von 3XN und IB+ basiert auf folgenden Prinzipien: Biophilie (Erweiterung des lokalen Ökosystems), Serendipität (Schaffung von Orten für spontane soziale Begegnungen), Flexibilität (Anpassungsfähigkeit für einen zukunftssicheren Campus), Nachhaltigkeit (umweltbewusste Gestaltung aller Strategien und Materialien), Identität (Entwicklung von ikonischen Formen und Atmosphären), Komfort (Betreuung und Wohlbefinden der Nutzer:innen), Kreativität (zu kreativen Prozessen inspirierende Räume) und Mobilität (Förderung der sanften Mobilität). Der Masterplan ist an das lokale Klima angepasst und zielt darauf ab, den Standort lebendig und aktiv zu gestalten. Der Komplex ist um ein grünes und gemeinschaftliches Rückgrat herum angelegt, das sich sowohl durch das Gelände als auch durch das Hauptgebäude zieht, um soziale Begegnungen zu aktivieren und Raum für Pflanzen und Vögel zu schaffen. Das von Offenheit und Verbindungswegen geprägte Layout des Hauptgebäudes wird von der Idee bestimmt, Interaktionen zwischen den Menschen zu fördern. Das Herzstück bilden zwei großzügige Atrien, während an der Peripherie Labors und Büros untergebracht sind. »Die Kunst der Architektur besteht darin, eine Skulptur als Hülle für die Bewegungsmuster und die zwischen den Menschen entstehenden Synergien zu bauen«, erklärt der 3XN-Gründer Kim Herforth Nielsen.

Masterplan Ecotope für die EPFL – École Polytechnique Fédérale de Lausanne, Lausanne, Schweiz

Masterplan Ecotope für die EPFL – École Polytechnique Fédérale de Lausanne, Lausanne, Schweiz

3XN

3XN wurde 1986 in Aarhus, Dänemark, von Kim Herforth Nielsen, Lars Frank Nielsen und Hans Peter Svendler Nielsen gegründet. Heute ist das Büro mit Niederlassungen in Kopenhagen, Stockholm, London, New York und Sydney weltweit tätig, die Architekt:innen schöpfen jedoch weiterhin aus ihrem skandinavischen Erbe. Ihre Arbeit basiert auf der kontinuierlichen Erforschung der Frage, wie Gebäude das menschliche Verhalten und die Umwelt widerspiegeln und formen. Im Jahr 2007 gründete das Studio die Innovationsabteilung GXN, die die neuesten Erkenntnisse über das Verhalten beeinflussende Materialien und neue Technologien sammelt und bei den Projekten anwendet.

Ein Blick in die Zukunft des Arbeitsplatzes

Um die angestrebte Nachhaltigkeit durch zirkuläres und verhaltensorientiertes Design umzusetzen, wählte 3XN recycelte, wiederverwert- und wiederverwendbare Materialien sowie Holz für Struktur und Fassade. Der Baukörper ist kompakt und für Niedrigenergie ausgelegt. Der Einsatz von Photovoltaik, natürlicher Belüftung und Kühlung mit Wasser aus dem See bzw. Verdunstungskühlung in den Atrien trägt erheblich zur Energieeffizienz bei. Um die Lebensdauer des Baus zu verlängern, verwendet das Studio ein modulares Struktursystem mit einer Geschosshöhe von 4,5 Metern, das eine flexible Gestaltung heute wie in der Zukunft ermöglicht. 3XN ist der festen Überzeugung, dass Architektur das Verhalten prägt, und hat sich zum Ziel gesetzt, eine Umgebung zu schaffen, die Neugier und Spielfreude fördert, um den Intellekt zu stärken und den Nutzer:innen Komfort zu bieten. Die ganzheitliche Denkweise des Studios in Bezug auf Nachhaltigkeit stellt in diesem ehrgeizigen und zukunftsorientierten Projekt das menschliche Wohlbefinden als wichtigstes Kriterium in den Vordergrund. Designelemente wie die weichen Kanten des geschwungenen Baukörpers oder die biobasierten Materialien beeinflussen die Art und Weise, wie sich die Menschen im Inneren des Gebäudes fühlen, ebenso die Verbindung mit der umgebenden Grünfläche. Die Aufteilung der Räume im Inneren entspricht den Bedürfnissen der verschiedenen Nutzer:innen, was zum allgemeinen Wohlbefinden beiträgt. Das Planungsprogramm basiert auf dem von der GXN-Forschungsabteilung formulierten Behavioural Brief, der detaillierte architektonische Gestaltungshinweise in Verbindung mit Raumstrategien enthält. Das Programm fördert durch den zentralen Raum einen organischen Fluss der Menschen, stärkt das Gefühl der Zugehörigkeit zu einer Gemeinschaft und fördert gemeinsame Erfahrungen.

Architekt:innen und Webseiten

3XN / IB+
3xn.com

Alventosa Morell Arquitectes / Joan j. Fortuny Arquitecte
alventosamorell.com / jjfortuny.com

Amelia Tavella
instagram.com/amelia_tavella/

Ann Nisbet Studio
annisbet.com

Anna Heringer
anna-heringer.com

Arquipélago Arquitetos
arquipelago.pt

Atelier Kaiser Shen
atelierkaisershen.de

Benedetta Tagliabue
mirallestagliabue.com

Benthem Crouwel Architects
benthemcrouwel.com

Bjarke Ingels Group / Heatherwick Studio
big.dk / heatherwick.com

Breathe / Architecture architecture / Austin Maynard Architects / Clare Cousins Architects / Hayball / Kennedy Nolan
breathe.com.au / architecturearchitecture.com.au / maynardarchitects.com / clarecousins.com.au / hayball.com.au / kennedynolan.com.au

Cobe
cobe.dk

David Chipperfield Architects
davidchipperfield.com

EFFEKT
effekt.dk

GAAGA
gaaga.nl

Grimshaw / Architekton
grimshaw.global / architekton.com

Hawkins\Brown
hawkinsbrown.com

HENN / AIB GmbH Architekten Ingenieure
henn.com / aibonline.de

Henning Larsen
henninglarsen.com

Hiroshi Nakamura & NAP
nakam.info

IBUKU
ibuku.com

ilimelgo Architectes
ilimelgo.com

Junya Ishigami
jnyi.jp

Kengo Kuma
kkaa.co.jp

Kéré Architecture
kerearchitecture.com

Koichi Takada
koichitakada.com

LAND arquitectos
landarquitectos.com

Mad arkitekter
www.mad.no

Mario Cucinella
mcarchitects.it

MAST
mast.dk

McCullough Mulvin Architects
mcculloughmulvin.com

Mikhail Riches
mikhailriches.com

Naturvillan
naturvillan.com

NBBJ
nbbj.com

Nicolas Laisné / Dream (Dimitri Roussel) / Sou Fujimoto
nicolaslaisne.com / www.dream.archi / sou-fujimoto.net

Office Winhov/ Van Hoogevest Architecten
winhov.nl / vanhoogevest.nl

OOPEAA
oopeaa.com

PAU | Practice for Architecture and Urbanism
pau.studio

Pekka Littow
littowarchitectes.com

Piuarch
piuarch.it

Polysmiths
polysmiths.com

Ramos Castellano Arquitectos
ramoscastellano.com

Reed Watts Architects / Paddy Dillon
reedwatts.com

Rozana Montiel / Claudia Rodríguez
rozanamontiel.com

rundzwei Architekten
rundzwei.de

Sanjay Puri Architects
sanjaypuriarchitects.com

Shigeru Ban
shigerubanarchitects.com

SOM
som.com

Sou Fujimoto
sou-fujimoto.net

Space&Matter
spaceandmatter.nl

Studio Gang
studiogang.com

Studioninedots
studioninedots.nl

TAA Design
taadesign.com

Team V
teamv.nl

Viguier
viguier.com

Vo Trong Nghia Architects (VTN)
vtnarchitects.net

Wallflower Architecture + Design
wallflower.com.sg

Waugh Thistleton Architects
waughthistleton.com

White Arkitekter
whitearkitekter.com

Xu Tiantian
designandarchitecture.net

ZAV Architects
zavarchitects.com

Bildnachweis

Anna Heringer
S. 14, 16: © Anna Heringer © VG Bild-Kunst, Bonn 2024 S. 15: © Anna Heringer © VG Bild-Kunst, Bonn 2024 – Foto © Katharina Lehmann, S. 17: © Anna Heringer © VG Bild-Kunst, Bonn 2024 – Foto © Kurt Hoerbst © VG Bild-Kunst, Bonn 2024

Shigeru Ban
S. 18, 19: © Shigeru Ban – Foto © Emma Smales-VIEW / Alamy, S. 20: © Shigeru Ban – Foto © Didier Boy de la Tour, S. 21: © Shigeru Ban – Foto © Hiroyuki Hirai

Mario Cucinella
S. 22: © MCA Archive. Mit freundlicher Genehmigung von MCA, S. 23, 24, 25 u.: © Iago Corazza. Mit freundlicher Genehmigung von MCA, S. 25 o.: © Detailed axonometric section of the TECLA prototype – Diagram by SOS. Mit freundlicher Genehmigung von MCA

Henning Larsen
S. 27 o., 29: © Henning Larsen – Foto © Rasmus Hjortshøj – COAST, S. 27 u., 28: © Henning Larsen

OOPEAA
S. 30, 31 o., 33: © OOPEAA_ Puukuokka_ Foto Mikko Auerniitty, S. 31 u.: © OOPEAA_Puukuokka diagram, S. 32: © OOPEAA_ Puukuokka_10_axonometric diagram_3_c

IBUKU
S. 34: © IBUKU – Foto © Tommaso Riva, S. 35–37: © IBUKU – Foto © Mari Beach Club

Kengo Kuma
S. 38–41: © Kengo Kuma – Foto © Mit freundlicher Genehmigung von Kengo Kuma & Associates

Arquipélago Arquitetos
S. 42: © Arquipélago Arquitetos_Plan, S. 44: © Arquipélago Arquitetos, S. 45 u.: © Arquipélago Arquitetos_ Rammed_Earth_Formwork, S. 43, 45 o.: © Arquipélago Arquitetos – Photography © Federico Cairoli

ZAV Architects
S. 46: © ZAV Architects, D06. Presence in Hormuz 02-Layout, S. 47 o., 47 u.: © ZAV Architects, Presence in Hormuz – Foto © Soroush Majidi

Naturvillan
S. 48, 49 u.: © Naturvillan, S. 49 o., 50, 51: © Naturvillan – Foto © Marcus Eliasson

rundzwei Architekten
S. 53: © rundzwei Architekten – Foto © Elephant Studio Architecture Photography

Alventosa Morell Arquitectes / Joan j. Fortuny Arquitecte
S. 12, 55, 57 o., 57 u.: © Fortuny – Alventosa Morell Arquitectes – Foto © José Hevia

Atelier Kaiser Shen
S. 58, 59 u., 60: © Atelier Kaiser Shen, S. 59 o.: © Atelier Kaiser Shen – Foto © Brigida González, S. 61: © Patrick Schneider / Atelier Kaiser Shen

HENN / AIB GmbH Architekten Ingenieure
S. 63–65: © HENN / AIB GmbH Architekten Ingenieure – Foto © Stefan Müller, S. 64 u.: © HENN / AIB GmbH Architekten Ingenieure

Polysmiths
S. 66, 68: © Polysmiths, S. 69: © Polysmiths – Foto © French+Tye & The Modern House

Bjarke Ingels Group / Heatherwick Studio
S. 73, 74 o., 75: © BJARKE INGELS GROUP and Heatherwick Studio – Foto © Google and Iwan Baan, S. 74 u.: © BJARKE INGELS GROUP and Heatherwick Studio

Pekka Littow
S. 70, 76, 77, 78, 79 o.: © Littow Architectes – Foto © Chikako Harada, S. 79 u.: © Littow Architectes

LAND arquitectos
S. 80: © LAND arquitectos, S. 81–83: © LAND arquitectos – Foto © Sergio Pirrone

White Arkitekter
S. 84, 86, 87: © White Arkitekter – Foto © Åke E:son Lindman

Space&Matter
S. 89–91: © Space and Matter_ Schoonschip – Foto © Isabel Nabuurs

Waugh Thistleton Architects
S. 92, 94: © Waugh Thistleton Architects – Foto © Ed Reeve, S. 95: © Waugh Thistleton Architects – Foto © Daniel Shearing

Breathe / Architecture architecture / Austin Maynard Architects / Clare Cousins Architects / Hayball / Kennedy Nolan
S. 97, 100–101: © Breathe – Foto © Tom Ross, S. 98, 99, 102: © Nightingale Housing – Foto © Tom Ross

Studio Gang
S. 104, 105–106: © Studio Gang

Yasmeen Lari
S. 108–111: © Yasmeen Lari, Heritage Foundation of Pakistan

Hawkins\Brown
S. 113: © Hawkins\Brown – Foto © Kristen McCluskie, S. 114: © Hawkins\Brown

Team V
S. 116: © Team V, S. 117: © Team V – Foto © Herman de Winter, S. 118: © Team V – Foto © Jannes Linders, S. 119 o.: © Team V – Foto © Jannes Linders, S. 119 u.: © Team V

Benthem Crouwel Architects
S. 121–123: © Benthem Crouwel Architects – Foto © Jannes Linders

Kéré Architecture
S. 124: © Kéré Architecture, S. 125–127: © Kéré Architecture – Foto © Andrea Maretto

Grimshaw / Architekton
S. 128 o.: © Grimshaw and Architekton – Foto © Bill Timmerman, S. 128 u., 130, 131: © Grimshaw and Architekton

Ramos Castellano Arquitectos
S. 134, 135: © Ramos Castellano Arquitectos, S. 136–137: © Ramos Castellano Arquitectos – Foto © Sergio Pirrone

Cobe
S. 138: © COBE, S. 139, 140, 141: © COBE – Foto © Francisco Tirado

VTN Architects
S. 143, 145 o.: © VTN Architects – Foto © OKI Hiroyuki, S. 144, 145 u.: © VTN Architects,

Xu Tiantian
S. 146, 147, 149 o., 149 u.: © DnA – Design and Architecture – Foto © Wang Ziling, S. 148: © DnA – Design and Architecture

Sou Fujimoto
S. 150: © Sou Fujimoto Architects, S. 151: © Sou Fujimoto Architects – Foto © Stefan Ember / Alamy, S. 152, 153: © Sou Fujimoto Architects – Foto © Viennaslide / Alamy

Viguier
S. 154: © VIGUIER – Foto © Mathieu Ducros © VG Bild-Kunst, Bonn 2024, S. 156 o.: © VIGUIER – Foto © Nicolas Borel, S. 156 u.: © VIGUIER

Piuarch
S. 158–161: © Piuarch – Foto © Andrea Ferrari, mit freundlicher Genehmigung von: Fendi und Piuarch

GAAGA
S. 162, 164–165: © GAAGA – Foto © Melchior Overdevest, S. 163: © GAAGA

Junya Ishigami
S. 166: © junya.ishigami+associates – Foto © Arch-Exist Photography, S. 168, 169: © junya.ishigami+associates

Hiroshi Nakamura & NAP
S. 170, 172, 173: © Hiroshi Nakamura & NAP – Foto © Koji Fujii / TOREAL

Rozana Montiel / Claudia Rodríguez
S. 175–177: © Rozana Montiel + Claudia Rodríguez – Foto © Sandra Pereznieto

TAA Design
S. 132, 180–181: © TAA Design – Foto © Hoang Le, S. 178, 179 o., 179 u.: © TAA Design

Wallflower Architecture + Design
S. 182, 184–185: © Wallflower Architecture + Design – Foto © Finbarr Fallon

Sanjay Puri Architects
S. 186–189: © Sanjay Puri Architects – Foto © Mr. Vinay Panjwani

ilimelgo Architectes
S. 191: © ilimelgo Architectes, S. 192, 193 o.: © ilimelgo Architectes – Foto © Paul Lengereau, S. 193 Mi., 193 u.: © ilimelgo Architectes – atelier secousses associé

Amelia Tavella
S. 194, 197–199: © Amelia Tavella – Foto © Thibaut Dini, S. 196: © Amelia Tavella

Studioninedots
S. 200–203: © Studioninedots – Foto © Sebastian van Damme

Mad arkitekter
S. 204, 206 u.: © Mad arkitekter, S. 205, 206 o., 207: © Mad arkitekter – Foto © Kyrre Sundal

Mikhail Riches
S. 208, 211 u.: © Mikhail Riches, S. 209, 211 o.: © Mikhail Riches – Foto © Tim Crocker

Office Winhov / Van Hoogevest Architecten
S. 213 o., 213 u., 215: © Office Winhov and Van Hoogevest Architecten – Foto © Max Hart Nibbrig, S. 214: © Office Winhov and Van Hoogevest Architecten

Ann Nisbet Studio
S. 216, 219 o., 219 u.: © Ann Nisbet Studio, S. 217, 218: © Ann Nisbet Studio – Foto © David Barbour

PAU | Practice for Architecture and Urbanism
S. 220, 222, 223: © PAU | Practice for Architecture and Urbanism – Foto © Max Touhey, S. 221: © PAU | Practice for Architecture and Urbanism

Reed Watts Architects / Paddy Dillon
S. 225, 226, 227 o.: © Reed Watts Architects and Paddy Dillon – Foto © Fred Howarth, S. 227 u.: © Reed Watts Architects and Paddy Dillon

McCullough Mulvin Architects
S. 228, 230: © McCullough Mulvin Architects – Foto © Ros Kavanagh, S. 231 o., 231 u.: © McCullough Mulvin Architects – Foto © Christian Richters

Koichi Takada
S. 234–237: © Koichi Takada Architects / © Doug and Wolf

SOM
S. 232, 238 o., 238 u., 240–241: © SOM | Miysis

Nicolas Laisné / DREAM (Dimitri Roussel) / Sou Foujimoto
S. 242–245 : © Sou Fujimoto Architects – Laisné Roussel – Rendering by Tàmas Fisher and MORPH

NBBJ
S. 247–249: © NBBJ

EFFEKT Architects
S. 250–253: © Made by EFFEKT Architects for SPACE10

Benedetta Tagliabue
S. 255, 256–257 o.: © Benedetta Tagliabue – EMBT Architects, renders © Frontop, S. 256 u., 257 u: © Benedetta Tagliabue – EMBT Architects

David Chipperfield Architects
S. 259–261: © David Chipperfield Architects Gesellschaft von Architekten mbH – images © Filippo Bolognese Images

MAST
S. 262, 265 o.: © MAST – images © KVANT-1 (www.kvant1.no), S. 263, 264, 265 u.: © MAST

3XN / IB+
S. 266–269 © 3XN Architects and IB+

Dank

Ich möchte dem Team, das mich während dieses langen Projekts unterstützt hat, meinen aufrichtigen Dank aussprechen. In alphabetischer Reihenfolge: Salomé Cozette, Louise Dakono-Tachoires, Isabelle Dartois, Julie Houis, Eva Levêque, Dune Lunel und Séverine Zorzetto.

Die französischsprachige Originalausgabe erschien unter dem Titel *75 Architectes pour un monde durable* bei Éditions de La Martinière, 57 rue Gaston Tessier, 75019 Paris, © 2024.

© Prestel Verlag, München · London · New York, 2024, in der Penguin Random House Verlagsgruppe GmbH, Neumarkter Straße 28 81673 München

Abbildung Einbandvorderseite: Wohnprojekt TECLA, Mario Cucinella, siehe S. 22 ff. © Iago Corazza. Courtesy of MCA
Abbildungen Einbandrückseite: Villa Atri, Naturvillan, siehe S. 48 ff., © Naturvillan / Marcus Eliasson (oben links). Space&Matter, Schoonschip, siehe S. 88 ff., © Space&Matter / Isabel Nabuurs (oben rechts). Wallflower Architecture + Design, Touching Eden House, siehe S. 18 ff., © Wallflower Architecture + Design Finbarr Fallon (unten)

Der Verlag behält sich die Verwertung des urheberrechtlich geschützten Inhalts dieses Werkes für Zwecke des Text- und Dataminings nach § 44 b UrhG ausdrücklich vor. Jegliche unbefugte Nutzung ist hiermit ausgeschlossen.

Projektleitung: Sabine Schmid
Übersetzung: Werner Kügler
Lektorat und Satz: VerlagsService Dietmar Schmitz, Erding
Covergestaltung und Herstellung: Martina Effaga
Druck und Bindung: ROTOLITO, Rumänien

PEFC
PEFC/46-31-13
PEFC-zertifiziert
Dieses Produkt stammt aus nachhaltig bewirtschafteten Wäldern und kontrollierten Quellen
www.pefc.ro

Printed in Romania

ISBN 978-3-7913-9306-3
www.prestel.de